時間革命

TIME IS LIFE

1秒もムダに生きるな

堀江貴文

朝日新聞出版

はじめに

ぼくにとってお金より大切なもの

「時は金なり」ということわざがある。

ぼくに言わせれば、こんなバカな考え方はない。
この言葉は、時間とお金を「同等に価値があるもの」だとしているからだ。

人間にとって、何より尊いのは「時間」である。
お金など比べものにならない。

ぼくにとって、時間ほどかけがえのないものはない。
これまでぼくがいろいろなところで語ってきたことを振り返れば、そんなことはとっくに伝わっていると思っていたが、どうやらそうでもないらしい。

かつて「拝金主義の権化」のように見られていたぼくが、「お金よりも大切なものがある」と言うと、いまだに「意外だ」と感じる人もいるようだ。

そこでまとめたのが本書『時間革命』だ。

この本は、ぼくが何よりも大切にしているもの——「時間」だけをテーマにした初の著書である。

「タイムイズマネー」ではなく「タイムイズライフ」

「時間ほどかけがえのないものはない」

もう一度、繰り返しておこう。誇張でもなんでもなく、これさえ理解してもらえれば、本書の目的の半分は果たしたも同じなのだ。

いまの時代、お金がなくてもそれほど困ることはない。
もしお金がないのなら、自分で働くなり、起業するなりしてお金を稼げばいい。
1万円にしろ1億円にしろ、どう稼ごうがやはり同じ1万円、1億円だ。

しかし、時間はそういうわけにはいかない。
一度ムダになった時間、流れ去ってしまった時間は、もう戻ってこないからだ。

そういう意味で「Time is Money.」というのは真っ赤なウソである。
「Time is Life.」——時間は人生そのものだ。ぼくたちの人生の価値が湧き出てくる源泉なのだ。

時間がなくなるのは、お金がなくなるのとはわけが違うのである。

すべては時間の質を上げるため

何か特別に変わったことを言っているつもりはない。

ぼくたちの時間は、ぼくたちの人生そのものだ。
時間の質を高めれば、人生の質も高くなる。ようはハッピーになれるってことだ。

だからぼくは、これまでずっと「時間の質」を上げることだけを考えてきた。
たくさんのお金も、膨大な仕事も、おいしい食事も、人づき合いも、遊びも――すべては「よりよい時間」を生むための手段でしかない。

これはぼくにとって、このうえなくシンプルで確実な真理だ。

しかし、世間を見てみると、それをわかっていない（あるいは、わかっているのに行動に移せない）人がけっこういるようだ。

典型的なのが「アルバイト」――。

バイトというのは、本質的には「時間（人生）を切り売りし、換金する行為」にほかならない。

どれだけ努力しようが、どれだけパフォーマンスを上げようが、バイトで得られる報酬は、本人のキャパシティを超えることはない。「分の悪い取引」なのだ。

かく言うぼくも、東大時代にはアルバイトに没頭し、月30万~40万円を稼いでいた。学生からすれば少なくない金額だ。当時はホクホクとした気分になっていたが、いま冷静に考えれば、間違いなくぼくは「搾取」されていた。

バイト先の会社が、ぼくにそれだけの報酬を支払っていたのは、それ以上に価値がある「時間」が手に入るからだ。

ぼくはそれに気づかないまま、20歳前後の貴重な時間を「切り売り」して、お金に換えていたのである。

たのしい時間を過ごすためにお金がある

あらためて考えてみてほしい。

「時給1000円で働く人の1時間」には、本当に「1000円分の価値」しかないのだろうか？

もちろん、アルバイトだけを問題にしたいわけではない。

通勤に1時間をかけ、8時間を会社のPCの前で過ごし、2時間を会議や商談に費やし、また1時間をかけて帰宅する――そんな人も「時間（＝人生）の切り売り」をしている点では一緒だ。

そうやって他人のために時間を割いて得られる月給は、「時間」の視点で見直したとき、本当に「割りに合ったもの」だろうか？

ぼくたちの「時間＝人生」は、他人に売り渡すためにあるのではない。

さまざまな思い込みや呪縛から自由になれば、これ以上に正しいことはないはずだ。

時間こそは、誰もが平等に手にできる、唯一の「資産」なのである。

ぼくたちは、その「投資先」をたえず判断し、その価値を最大化することに、すべてを注がなければならない。

なぜなら、その資産は「有限」であり、「あるとき急になくなる」から。

仕事や会社、上司、家族など、「他人の時間」に振り回されている場合ではない。

すべては「自分の時間」を起点にするべきなのだ。

ぼくがこれから語る時間観に馴染みがない人は、おそらくある種の衝撃を受けるだろう。しかしそれは、あなたがこれまでの思い込みから解放され、よりたのしい時間を歩みはじめる分岐点になると信じている。

ぜひ本書を通じて、あなたの日常にも「時間革命」を起こしてほしい。

時間革命　目次

はじめに　ぼくにとってお金より大切なもの　1

chapter 1

「他人の時間」を生きてはいけない

1　きみは「自分の時間」を生きているか？　14
2　懲役1年9カ月の刑務所生活でも「自分の時間」を過ごした　19
3　「多忙」と「暇」は同義である　24
4　恨みや妬みという有害無益な時間　29

chapter 2

徹底的に「ムダ」な時間を殺せ

5　世間を意識して悩むという最悪のムダ　36

chapter

3

「常識や世間体」に時間を溶かすな

6 シンプルとスピードが最強である 41
7 「すきま時間」は「黄金の時間」 46
8 デスクに長く座っている人間は無能である 51
9 会議中でも能動的にスマホをいじる 56
10 得意なことに集中投資しろ 61
11 継続自体に価値はない 66
12 時間を食い逃げする人間関係は手放せ 71
13 「無常」こそが体感時間を無限にする 78
14 行動量は情報量に比例する 83
15 自分のリズムを狂わされるな 88
16 9割が「仕事をつくるための仕事」にすぎない 93

chapter

4

「夢中」が時間密度を濃くする

17 ぼくはずっとたのしい仕事しかするつもりがない 98
18 食欲・性欲・睡眠欲は「幸福を感じるためのツール」 103
19 「年齢」とは幻想である 108
20 「作業」を受け入れるから身動きが取れなくなる 113
21 努力するな。ハマれ 120
22 力を抜きながら、かぎりなく熱中する 125
23 「ストレス時間」を徹底的に減らせ 130
24 「経験」とは自分で足を踏み出した歩数 135
25 報告会議は時間の「集団自殺」 140
26 「時間の換金グセ」をやめないと、一生あくせく働く 145
27 悪口・ゴシップは時間を食い荒らすドラッグだ 150

chapter

5

「健康」こそが最大の時間投資である

28 自分が気持ちよくなるルールをつくれ 155
29 病気を防がないから人生の持ち時間が減ってしまう 162
30 「食べてはいけない」に踊らされてはいけない 167
31 最低限の食事リテラシーを。あとは自分の感覚 172
32 睡眠時間を削るのは寿命の「前借り」 177
33 ウソがいちばんのストレス源。つねに本音で生きよう 182
34 ネガティブなことを考える前に動け 187
35 「人の気持ちがわかる」なんて思わないほうがいい 192
36 ぼくは「不老不死」を本気で考えている 197

chapter

6

「将来を心配する」という究極のムダ

37 ずっと「死への恐怖」にとらわれて生きてきた 204

38 「いつか」なんて長期の目標はまず実現しない 209

39 ぼくはいっさいの計画を持っていない 214

40 リスクは「ウサギの角」「カメの毛」である 219

41 ノリで生き抜く人間だけが革命を起こせる 224

おわりに　自信とは「自分をコントロールできる」という確信 229

写真　長田洋平／アフロ

ブックデザイン　小口翔平＋岩永香穂（tobufune）

執筆協力　重　タフィ（@jiutaufy）

編集協力　WORDS

chapter

1

「他人の時間」を生きてはいけない

1

きみは「自分の時間」を生きているか？

時間には2種類しかない。

「自分のための時間」と「他人のための時間」である。

「自分時間」とは、好きな仕事、趣味、やりたいこと、たのしいイベント、気の合う仲間との飲み会などである。

一方、「他人時間」とは、やらされている仕事、通勤、したくもない電話やメール、気を遣う飲み会といったところだろうか。


当然ながら「自分時間」が多ければ多いほど、あなたの人生の質は高くなる。

逆に、「他人時間」ばかりを過ごしている人が、自分の人生に満足できていることはまずない。


「自分時間を増やす＋他人時間を減らす→人生の質が高くなる」

ぼくが語りたいことの核心は、このシンプルきわまりない事実にある。

これこそが時間を支配するための、たった1つの方法なのだ。

まず、あなた自身の1日を振り返ってみてほしい。目覚めて活動している時間のうち、本当の意味で「自分時間」だと言えるのは、どれくらいあるだろうか？

16時間？　8時間？　……そんなにない？

2時間？　1時間？　……ひょっとして……30分未満？

いずれにしろ、おそらくかなり少ない割合なのではないかと思う。

何よりもまず深刻なのは、ほとんどの人は、自分の人生が「他人のための時間」で埋め尽くされていると気づかずに生きているということだ。

あるいは、気づいていても、見て見ぬ振りをしているのかもしれない。

たとえばいま、あなたの部屋に凶暴そうな猛獣が入ってきて、こちらを見ながら唸り声をあげているとしよう。あなたはきっとその状況から逃れるための方法を必死で考えるだろうし、猛獣が襲いかかってくれば全身をバタつかせて抵抗するはずだ。

死んでしまえば、自分に残された時間は、一瞬にしてすべて奪い去られてしまう。

そんなのはごめんだ。だから、頭をフル回転させて、その危機を回避しようとする。

当然のことである。

一方で、「他人時間」に対して同じような脅威を感じる人は、どういうわけかほとんどいない。**ぼくにしてみれば、他人のせいで時間が奪われている状態というのは、「生きながら猛獣にゆっくりと食い殺されている」のと同じだと言っても過言ではない。**それなのになぜ気づかない? なぜ平気でいられる? ぼくには不思議でならない。

ぼくは手元にある時間を少しでも「自分時間」として確保したいし、人の時間を奪うことに無頓着な行動に対しては、言いようのない不快感を抱く。

実際、変な人とは距離を置いて、なるべくつき合わないようにしているし、時間を奪おうとする人には声を荒らげてキレることもある。

いろんなところで語ってきたことだが、典型的なのは、「平気で電話をかけてくる人」だ。本人は何気なく電話をかけているだけでも、ぼくからすると、いきなり人生に割り込んできて、「他人時間」をねじ込もうとする行為にしか見えない。だからぼくはよっぽどのことがないかぎり、スマホに着信があっても、電話に出ない。

これは決して非難されることではないはずだ。

猛獣が部屋に入ってきたときと同様、ぼくは自分の人生を守っているだけなのだから。だからぼく自身も、誰かほかの人にとっての「時間泥棒」にはなりたくない。この本だって、「堀江の言いたいことはだいたいわかった」と思えば、最後まで読む必要はない、いますぐ投げ捨ててくれ。

「時間＝人生」を突き詰めて考えれば、そういうことになる。

まずは日頃から「これは自分時間？　それとも、他人時間？」と習慣的に自問してみるといいだろう。そうすれば、1日のほとんどが「他人時間」で埋め尽くされていることに愕然とするはずだ。最初はそれでいい。すべてはそこからはじまるからだ。


CHECK!

□1日のうち、「自分時間」を「棚卸し」してみよう

2

懲役1年9カ月の刑務所生活でも「自分の時間」を過ごした

ぼくが「他人時間」「自分時間」の違いをはっきりと意識するようになったのは、刑務所での経験が大きい。

かつてぼくは証券取引法違反の疑いで東京地検特捜部に逮捕され、裁判の結果、懲役の実刑判決を言い渡された。そして、東日本大震災から数カ月後の2011年6月20日から、1年9カ月にわたって刑務所に収監された。

刑務所というのは、「他人時間の極致」のような場所だ。

「時間を取り上げることが刑罰になる」という発想の背後には、すぐれた人間的洞察があると思う。**時間を削り取られるというのは、人間にとって決定的なペナルティなのだ。**これを上回る刑罰は、その人間の残り時間そのものを根こそぎ消し去ってしまうこと、つまり死刑しかない。

長野刑務所でぼくが配属されたのはいわゆる養護工場であり、受刑者の大半が、認知症の老人や身体障害者で占められていた。

ぼくはそこで衛生係という役割を与えられた。ようするに、介護士さんのような仕事である。一人でお風呂に入れない、うまく排泄できない、身のまわりのことが自分でできない——そんな受刑者たちの介助をしなければならないのだ。

「えっ？　あのホリエモンが……他人の介助⁉」と驚く人もいるだろう。

しかし、いちばん面食らったのは、誰よりもぼく自身だ。

自分のやりたいことをやれず、一日中を他人のために費やさねばならない懲役生活がはじまったとき、「これまでのぼくは本当に『自分のための時間』だけを生きていたのだな」と実感させられた。

衛生係の仕事だけではない。一緒にいたくもない人間たちと生活をともにし、他人が決めた献立の食事を摂り、誰のためになるのかわからない単純作業をやり、氷点下の部屋で震えながら眠る——。自分のための時間がない！　メンタルは決して弱いほうではないが、このときばかりはかなり堪えた。

しかし、同時に悟ったことがある。

「会社がイヤだ」「仕事が忙しすぎる」「上司に腹が立つ」「家族が嫌いだ」——そんな不平を口にしながら、いまの場所から一歩も動かない人の存在が、かつてのぼくにはまったく理解できなかった。いったい何がそんなにつらいのか、なぜ動き出さないのかと思っていた。けれども、刑務所に入ったことで「ああ、彼らはちょうどこんな心持ちなのか」と腑に落ちたのである。

「他人時間を生きる」というのは、監獄に入っている状態によく似ている。

とはいえ不思議でならないのは、世の中の大半の人が、自分からその〝監獄〟に入ったくせに、そこから出てこようとしないことだ。

扉には鍵などかかっていない。いつでも外に飛び出せる。にもかかわらず、他人時間の〝牢屋〟のなかで、「ここは自由がない！」「退屈でつまらない！」と文句を垂れているのである。

皮肉なものだなと思った。

刑務所に入れられて、物理的な自由を奪われているぼくのほうが、「他人時間の牢屋」から抜け出す方法を知っており、シャバの空気を吸っている世間の人たちのほうが、かえって〝牢屋〟に閉じこもっているのだから……。

実際、つらい状況はそれほど長く続かなかった。

服役中にもぼくは、文章を手紙でやり取りしてメルマガの更新も休むことなく続け、少しずつ「自分時間」を増やす行動を起こしていったからだ。自分の興味がおもむくままに、1000冊以上の本を読破し、それまでの人生とは比べものにならないくらい多くの映画も観た。

結局、時間を自分のために使えるかどうかは、あなたしだいだ。刑務所にいたぼくが言うのだから間違いない。

CHECK!

□「時間がない」のを「他人や環境のせい」にしていないか？

3

「多忙」と「暇」は同義である

ぼくが長野刑務所で入れられた独房には、時計がなかった。いつから次の食事なのか、いつから作業がはじまるのか、外から呼びかけられないとわからない。

これもまた、受刑者から「自分時間」を奪うための巧妙な仕掛けである。

こうなると、何やらとても「退屈」なのだが、かといって、自分で何かをする気にもなれないという中途半端な状態になる。

このとき確信したのが、「暇＝悪」ということだ。

暇を感じているとき、あなたは時間資産をドブに捨て続けているのに等しい。また、退屈な時間には、頭のなかに「ロクでもない考え」が湧いてくる。それがストレスを生み出したり、人をバカな行動へと駆り立てたりする。

ツイッターでぼくに粘着気味に絡んでくる人、とんでもない主張を繰り返し発信している人がいる。彼らに共通しているのは、つねに「退屈」していることだ。他人に食ってかかることで、なんとかそれを埋め合わせようとしているのである。

その意味で、やはり予定はしっかり詰まっているのに越したことはないのだが、同時に、じつは「どれだけ忙しいか、どれだけ暇があるか」は本質的な問題ではない。たとえスケジュールがびっしり埋まっていても、人は「退屈」を感じるからだ。

これは、「多忙」と「多動」の違いだと言い換えてもいい。

朝早くからオフィスに出社して、息つく暇がないくらいアポや会議をこなし、深夜まで残業している人がいる。睡眠や食事の時間も惜しんで、あくせくと働いている人がいる。そんな日常がたのしいのなら、とやかく言うつもりはない。

しかし、大半の人はそうではないはずだ。そういう人に共通しているのは、あくまで「他人を喜ばせる仕事」しかしていないということだ。だから彼らは「忙しい」と口にする。気づけば、いつでも合言葉のように、「最近、ちょっとバタバタしていまして……」などと言っている。

他方で、ぼくも毎日、朝から晩までびっしりとスケジュールが詰まっている。しかし、その9割以上は自分のやりたいことで埋め尽くされている。

「堀江さんはいつもお忙しいですよね？」などと言われるが、正直なところ、ぼくはこれまで自分が「多忙」だと感じたことがない。

だってそうではないだろうか？

たくさんのオモチャが並べられた部屋に子どもを投げ込むと、彼らは次から次へと目まぐるしく遊びを変えながら、どれだけでも遊んでいようとする。

しかし彼らは「忙しい」などとは感じない。ぼくもこういう子どもと大して変わらない。これが「多動」の状態である。

時間の価値を高めたいとき、注意するべきは「多忙」と「多動」を勘違いしないことだ。多忙な状態が続いていると、なんとなく毎日が充実しているような錯覚に陥ってしまう。

しかし、どれだけがんばっても、なぜかまったくハッピーになれないという人がいる。あたりまえだ。あなたの心はじつは1ミリも動いておらず、他人のために駆り出されっぱなしになっているのだから。

「多忙」な人というのは、ものすごく忙しいにもかかわらず、心のどこかでは「退屈」しきっている。膨大な仕事を次から次へと処理しながらも、どこかでそれを冷めきった目で見ていて、本当はそれに飽き飽きしている。「多忙」と「暇」というのは、真逆のようでいて、じつはそっくりな状態なのである。

目指すべきは「多動」だ。

余計なことを考える暇がないくらいに、自分の心が踊る予定だけで、時間をしっかりと埋め尽くし、無我夢中で動き回るのだ。

CHECK!

□「忙しさ」を充実感だと取り違えていないだろうか？

4

恨みや妬みという有害無益な時間

「自分時間を増やそうにも、仕事が忙しくて時間が取れません!」

そんなことを言う人がときどきいるが、これは時間についての言い訳のなかでも、最もくだらない部類に入るのではないかと思う。

他人のために時間を使いすぎているなら、まずやるべきは「他人時間を削ること」だ。いま他人のために使っている時間はそのままキープしつつ、同時に自分の時間も増やしたい? そんな虫のいい話はない。

人間に与えられているのは同じ「1日24時間」だ。一方を増やしたいなら、もう一方を減らすしかない。

それにもかかわらず、なぜ多くの人は、「他人の期待を満たす生き方」をやめられないのか? 以前はこの理由がぼくにはずっとつかめなかった。しかし最近、ようやくわかってきたことがある。

端的に言えば、人から嫌われるのが怖いのである。他人の期待を満たすことをやめた途端、人から見放されることになるのを恐れているのだ。

実際、「自分時間」と「他人時間」はトレードオフの関係にある。だから、前者を優先するようになれば、周囲の反応はさまざまに変化するだろう。

たとえば、「着信があっても電話には出ません！」と宣言すれば、上司から叱責されるかもしれないし、同僚からバカにされるかもしれない。下手をすれば、会社をクビになることもあるだろうし、家族との関係が悪化することもあるだろう。

しかし、そうした「反応」は、あなたの問題ではない。あなたの行動に対して、どんな感情を抱くかは、上司や同僚、家族の側の問題である。

あなたを罵倒したり、見下したりして気分がよくなるなら、勝手にそうさせておけばいい。他人から嫌われようと、どう思われようと、それはあなたの人生には関係のないことなのだ。

すべては「自分時間をどう増やすか」である。

「相手が自分をどう思うか」なんてことを思い煩って、自分の人生をおざなりにするなど、本当にもったいない。

「他人」という存在は、あなたの時間を奪う最たるものだ。「時間＝人生」を本当に大切にするなら、人間関係も「自分」を起点に考え直すべきなのだ。

ずいぶんと冷たい考え方だと思われるかもしれないが、これにはいい面もあると思う。たとえば、ぼくは人に対してカッとなることはあるが、ずっと憎んでいる人、恨んでいる人は一人もいない。スッキリしたものである。

いわゆるライブドア事件で逮捕され、かつての仕事仲間のうちの何人かがぼくに不利な発言をしはじめたとき、マスコミからよくこんな質問をされた。

「仕事仲間に裏切られたと思いますか？　かなりショックですよね？」

しかし、当時のぼくには、「裏切られた」という気持ちは微塵もなかった。これは強がりでもなんでもない。

もちろん、自分たちの立場を守ろうとする〝ウソ〟にはイライラさせられたが、ぼくを陥れようとした人たちのことを「許せない！」とは思わなかった。いまでもそれは変わらないし、あえて言葉にしようとすれば、「人間ってそういうものだよね」としか言いようがない。

なぜなら、人のことを恨んだり妬んだりするのも、やはり「他人のために時間を使っている」という点では変わりないからだ。過ぎたことや他人のことを考えて、負の感情を再燃させる——ぼくに言わせれば、こんな無益なことはないのだ。

CHECK!

□「頭のなかの〝他人〟」に、「自分時間」を奪われていないか？

chapter

2

徹底的に「ムダ」な時間を殺せ

5

世間を意識して悩むという最悪のムダ

あなたの人生を削っていくのは「他人時間」だ。

ただし、勘違いしないでほしい。

他人時間の正体は、「他人そのもの」ではない。時間を手に入れることを真剣に考えるとき、何よりもの敵は「自分」である。

そう、ほとんどの「他人時間」の発生源は、あなた自身のなかにある。ほかでもないあなた自身が、貴重な「自分時間」を捨てている犯人なのである。

なぜそんなことになるのか？

その原因は、あなたが「悩んでいる」からだ。

人生における最大のムダ、それは「悩み」の時間である。

悩むのは、何か決まった問題に対して前向きに解決策を考えるのとは違う。本当は「こうしたい」という自分なりの答えがあるのに、ロクでもない「プライド」や「自意識」が足を引っ張っている状態なのだ。

ぼくがやっているオンラインサロンでも、それなりに答える価値がある質問からクソみたいな人生相談まで、じつにさまざまな悩みが寄せられるが、「お悩み相談」に対するぼくのスタンスは昔からずっと変わらない。

思えば、ライブドアの社長時代にも、「起業しようかどうか迷っていて……」などとぼくのところに相談に来る社員はよくいた。

そんなとき、ぼくはいつも「やりたいんでしょ？　やればいいじゃん。明日には辞表を出しなよ」と答えていた。これは、別に意地悪で言っていたわけでない。むしろ、これこそが正しい悩みへの対処法だといまだに信じている。

悩みがあるのは、別の「やりたいこと」が生まれている証拠だ。

しかし、ほとんどの人はここで、変なプライドが邪魔をする。

「失敗したときに、みんなにバカにされたら恥ずかしい……」
「大企業を辞めて、小さな会社で働くのはみっともないかな……」
「親戚や同級生、同期はどんな目で見るだろう……」

こんなものははっきり言って、ただの自意識過剰だ。
みんな自分のことに精一杯だから、他人の行動が賢明かどうかを気にかけているほど暇ではないのだ。あなただって、いちいち他人のバカな行動を監視しながら生きているわけじゃないだろう。

自意識が描き出す「世間」は、心のなかの幻である。あなたが勝手に気に病んで、勝手につくり出しただけの妄想――。そんなものは全部取っ払ってしまえばいい。
そうすると、「起業したい」とか「会社を辞めたい」という本音が出てくる。あなたがこうした思いを持っていることこそが揺るぎない「事実」であり、すべてはそこを出発点にするべきなのだ。

悩んでいる人の99％は、このシンプルな「心の事実」のまわりに、余計な「世間」をゴチャゴチャとまとわりつかせて、何も行動が起こせなくなっている。このときに必要なのは、このゴチャゴチャを1つずつ解きほぐし、解決していくことではない。むしろ、それらをズバッと全部削ぎ落とし、シンプルに本質を見直すことだ。

「ホリエモンだから、そんなふうに考えられるんだ」なんて思わないでほしい。ぼくだって最初からなんでもシンプルに考えられたわけではないし、ウジウジと悩んだりした経験だってある。

まずは、「シンプルがいい、シンプルがいい」と自己暗示をかけるところからはじめよう。「もしかしたら……なのでは？」とか「もし……だったら、どうしよう」というような「世間」は捨てて、自分の「本音」を見定める。

ほとんどの人は、自分の本音すら見えなくなっているから、それだけでも大きな前進だ。

CHECK!

□あなたの悩みには、どんな「世間」が隠れているだろう？

6

シンプルとスピードが最強である

時間を増やすうえでは、「シンプルに考える」ことが欠かせない。

そんな話をすると、「そうは言っても、現実の社会のなかでは、なかなか単純に割りきれないこともあるんですよ」と愚痴をこぼす人がいる。

そんな人間の事情など知ったことではないが、何よりも気に食わないのは、そういうことを言う人は、「物事を『複雑に考える』ほうが難しい＝価値が高い」と考えているらしいということだ。思い上がりもいいところである。

真実や価値あるものは、いつだってシンプルだ。

たとえば、アインシュタインの「一般相対性理論」は、その背景には複雑な計算式を持っていながらも、最終的には「$E=mc^2$」という等式で表現される。

広大な宇宙の仕組みを説明するアイデアが、たったこれだけの式に集約できるのだ。「シンプルこそが最高」ということは、人類が長年の経験から得た教訓ではないかと思う。

実際のところ、物事なんて複雑に考えるほうがラクなのだ。世の中はいくらでも複雑に考えられる。それなりに頭がよければ、もっともらしい理屈をつけて、いつまでも考えを引き延ばしていられるから気楽なものだ。
むしろ、シンプルに考えるほうが、一定の「勇気」や「エネルギー」が必要になる。企業の経営者を見ていても、シンプルに考える能力がある人とない人がいる。

はっきりと明暗が分かれるのは、「会社にとって最も大切なことは？」という質問だ。こう聞かれたとき、「社会に貢献すること」とか「従業員を幸せにすること」とか「顧客の満足」というトンチンカンな答えをしてしまう経営者には、物事をシンプルに考えようとする「覚悟」がないなとぼくは感じる。

「社会貢献や従業員満足なんてバカらしい」という話がしたいわけではない。考えればわかることだが、株式会社の本来の目的は「株主へ利益を還元すること」である。それ以上でも以下でもない。

そのために、よいサービスや商品をつくって売る。それで顧客は満足する。そうなれば、納税額も増えるし、投資マネーも集まって、経済が活性化される。こうして結果的に、社会貢献が実現される。これが正しい順序というものだ。

このシンプルな原点すら見失っている社長が多い。そのせいで、ムダに複雑に考えてしまい、時間を浪費してしまう。ビジネスの最前線では、いつもスピードが命である。シンプルに本質をおさえた思考ができない人は、いつも「時間の勝負」で敗北することになる。

個人についても、まったく同じことが言える。

「好きな仕事に思いっきり打ち込みたい。でも、家族と過ごす時間も大切にしたいし、趣味や勉強の枠もしっかりと確保したい。収入はたくさんほしいけど、やっぱりリスクは取りたくないから、このままサラリーマンがいいなあ」

こういう人は、自分の欲望の本質がわかっていない。世の中はトレードオフが原則だ。例外はない。これらの希望をすべて叶えることなどまずできないし、そんな虫のいい話があるとすれば、眉唾だと思ったほうがいい。

「シンプルに考えて、自分時間に満たされた人生を生きる」とは、全部を思いどおりにして、「あれも、これも」をバランスよく手に入れるということではない。

むしろ、本当に大切にしたいこと〝以外〟はすべて手放し、自分の根本的な欲求に向き合うことなのだ。
「自分にとっていちばん大切なことは何か？」――それをシンプルに絞り込めた人こそが、自分の時間を手に入れているのである。

CHECK!

□「あれも、これも」の思考に陥っていないか？

7

「すきま時間」は「黄金の時間」

時間のムダを減らすということで言えば、「悩むのをやめること」の次に重要なのが、「すきま時間」の使い方だ。

ちょっとした待ち時間だとか移動時間、次のアポまでの空き時間など、予定と予定のあいだには、たいてい「すきま」が生まれる。

いちばんいいのは、こういうダブつきが出ないように、なるべく予定を詰め込んでしまうことなのだが、それでもある程度のブランクは生まれてしまうだろう。

そのとき大事なのが、この「すきま時間」をどれだけ有効活用できるかである。

注文したランチが出てくるまでの5分間を、なんとなくぼーっと過ごしてはいないだろうか？

商談に移動する電車やタクシーでの10分間を、大して興味もないスマホゲームやくだらないSNSの話題のために、ムダにしていないだろうか？

「時間がない、時間がない」と嘆いている人にかぎって、こうした時間を平気で浪費していたりするものだ。本当にもったいないと思う。

ぼくにとっては、このかぎられた5〜10分こそが、最高に集中できるゴールデンタイムだったりする。

すきま時間をうまく使うコツは、あらかじめ「そこでやる作業」を明確に決めてしまうことだ。

たとえば、「このあと5分の空き時間がある」とわかっているときには、ぼくは「あの原稿のあの箇所をチェックしよう！」と前もって決めている。「タクシーで30分移動する」というときには、「10分くらいかけてアプリ類をざっとチェックして、そのあと20分でウェブ記事の原稿2本を確認するかな……」などと考える。

すきま時間のいいところは、「締め切り」があることだ。その後ろにはすぐに「別の予定」が控えているからこそ、「時間内に終わらせねば……」というプレッシャーを生むことができる。ようするに、ダラダラと仕事をしなくなるのだ。

だからこそ、仕事はなるべく細かく分解し、いつでも短いすきま時間でサクサクとこなせるようにしておくのが望ましい。

そもそも現代人は、そうやって細切れになった情報を消費することに慣れてきているから、相手に「ムダな待ち時間」を生まない仕事スタイルのほうが、評価されやすくもなっているのだ。

いまや、人々のすきま時間を制する者こそが、ビジネスを制すると言ってもいい時代だ。たとえば広告ビジネスの世界でも、圧倒的に伸びているのはモバイルにおける運用型広告・動画広告であり、4年連続で2桁成長を果たしているという。これはすきま時間ビジネスの最たるものだろう。

ぼくが発行するメルマガでも、それぞれのコンテンツは「すきま時間にサクッと読める」ということを何よりも大切にしている。人々には「すきま時間を埋めたい」という思いがある。現代において「爆発的に売れるもの」には、多かれ少なかれ、すきま時間が絡んでいるのである。

これは裏を返せば、ありとあらゆるビジネスが、あなたのすきま時間をお金に変えようとして、手ぐすねを引いているということ。

だからこそ、ちょっとした空き時間を漫然と過ごしてはいけない。
「この5分で何ができるか？」をつねに意識し、それを最大限に活用するだけで、あなたの手元の時間はかなり増えるはずだ。

CHECK!

□ 5分・10分単位の「すきまタスク」をリスト化しよう

8

デスクに長く座っている人間は無能である

「スマホを持つようになってから、時間がなくなった」と感じている人は多いだろう。現代のビジネスは、とくにモバイルデバイスを通じて「顧客の時間」をいかに獲得するかを競い合っている。よって、ちょっと油断していると、スマホに大量の時間を奪われることになる。そういう側面は間違いなくある。

しかし他方で、すきま時間の有効活用を考える場合、やはりスマホを避けて通るわけにはいかない。スマホは、ちょっとした短い時間から、無限の価値を生み出すことにかけては、ほかのどんなツールにも負けない。

スマホの登場でかえって時間がなくなったという人がいる一方、この「魔法のツール」を使いこなしている人は、より多くの時間を手に入れることになった。ぼく自身もその一人である。

ぼくはいま、すべての仕事をスマホでこなしている。

以前ならいちいちPCを立ち上げてブラウザで見ていたようなニュースも、スマホのアプリがあれば十分だ。メールもほとんど使うことがなく、たいていのコミュニケーションはLINEで済ませている。フリック入力がタイピングの速度を上回ってからは、原稿だってスマホで書くようになった。

すべてがスマホで完結するようになると、ムダなすきま時間がなくなる。

日中のちょっとした10分の空き時間をボーッと過ごしてしまうのは、あなたのなかに「パソコンがないと仕事できない」という思い込みがあるからだ。

毎朝、オフィスに向かうために30分とか1時間を満員電車のなかで身動きが取れないまま過ごすのは、デスクにいさえすれば、仕事をした気分になれるからだ。

いちいち客先に出向いて打ち合わせをしたり、電話で直接話したりしないと気が済まないのは、「LINEで伝えると失礼になる」と勝手に思っているからだ。

そんなものはすべてくだらない思い込みだ。

スマホが使える時代に「空間」に縛られた働き方をしている人は、必ず「時間」をムダにしている。**スマホを使えば簡単に手に入るすきま時間をみすみすドブに捨てているのだ。**

オフィスのパソコンやデスクでしか仕事ができないということは、時間の損失そのものなのである。

本当にすきま時間を有効活用したいなら、「いかにパソコンに触らないで済ませるか」「いかにデスクに近づかずに仕事を終わらせるか」「いかにスマホだけで作業を完結させるか」を真剣に考えたほうがいい。

自由な時間を手に入れるためには、時間そのものよりも、場所の制約から逃れて、空間の自由を獲得することを考えるべきなのだ。

そのためには何をおいてもスマホだ。スマホの活用法をあまりにも甘く見すぎていないだろうか。

かつての生産現場では、労働者を工場内の決まった場所に拘束し、そこで一日分の時間をたっぷりと「搾取」するというシステムがあたりまえだった。

しかし、現代においては、そんな仕組みが必要な仕事はほとんどない。にもかかわらず、いつまで18世紀に起こった産業革命以来の慣習に縛られているつもりだろうか。

「現代人はスマホに依存している」などという批判もあるが、まったくバカげた話である。あなたが残りの一生のうち、すきま時間を有効活用できれば、どれくらい「寿命」が延びるか、考えてみてほしい。

70億人強の全人類が、無為に過ごしていた時間を使えるようになったら、それこそ地球規模での価値創造が可能になるだろう。

「スマホ依存」の批判者たちが、どんなデメリットを考えているのかは知らないが、やはりスマホが価値を生み出すポテンシャルには、計り知れないものがあるのだ。

CHECK!

□今日からパソコンで打つメールを減らしてみよう

9

会議中でも能動的にスマホをいじる

時間の有効活用に関しては、「時間の密度を濃くする」という方法もある。

何か具体的な予定が入っているときにも、ずっとそれだけに集中していなければならないなんてことはまずない。

打ち合わせや会議の途中にも、目に見えないすきま時間は生まれているのである。それなら、無理のない範囲内で、別のことをやればいい。

このマルチタスキングこそが、時間の「密度アップ」につながる。

ぼくはインタビュー取材を受けている最中だろうと、知人たちと食事をしているときだろうと、ちょっとでも「見えないすきま時間」があると気づけば、すかさずスマホをチェックする。

テレビの生放送だろうが収録放送だろうが、カメラの前でもスマホを取り出していじっている。それくらい徹底しているのだ。

たとえば「朝まで生テレビ！」。あれは、建前上は討論番組ということになっているが、実際には、出演者たちが言いたいことを勝手に口走るだけのコンテンツだ。

何か議論を積み上げているわけではないので、話の筋を追っていても仕方がない。だからぼくは生放送中であろうと、LINEに来ていたプロジェクト案件に返信をしたり、編集者から送られてきた原稿にコメントしたり、ハッシュタグでツイッターを検索して、視聴者たちがどんな反応をしているのかをチェックしたりしていた。

こうやって同時並行で別の作業をすることで、ぼくの時間ははるかに有意義なものになる。もしそこで、じっと座ったまま、おっさんたちのくだらない話を聞いていれば、ぼくの時間の充実度はかなり下がっていただろう。

「大事なことについてはシンプルを心がける。『あれも、これも』と欲張らない」
「優先度が大して高くないことは、無理のない範囲で、同時に片づける」

この2つがぼくの時間の使い方の鉄則だ。

「仕事も、家族も、お金も、安定も、趣味も……」という欲張りがバカげていることはすでに書いたとおりだ。人生において何を優先するかについては「1つずつ、どっぷり集中」を心がけたほうがいい。

逆にどうでもいいことについては、できるだけマルチタスキングでさっさと片づけるべきだ。一個一個を丁寧にやる意味がない。

しかしどうやら世の中は、これと真逆の価値観を持っている人が多いようだ。生放送中にスマホをいじっていたぼくを見て、「マナーがなっていない」などと説教を送ってくるアホがいる。「同時にやる＝けしからん！」というわけだ。

会社をやっていた頃には、会議中に社員が携帯をいじっていても、ぼくは注意したりしなかった（もちろん、会議をおろそかにして、話を聞き漏らすようなことは論外である）。何より、社長であるぼく自身が、率先して会議中にもケータイで株価をチェックしたり、別案件のメールに返信したりをしていたから当然である。

会議だってずっと議論が白熱しているわけではない。単なる報告が行われているときなら、ほかのことをしながらでも十分話はインプットできるはずだ。

だからぼくはつねに「すきま時間はないか」を探しながら、その一方で「同時にできることはないか」を貪欲に嗅ぎ回っている。

たとえば、ぼくは健康のために、ある程度のフィットネスをやっているが、基本的に屋外ランニングはやらない。走るときにはルームランナーを必ず使う。マシンを使ってランニングをすれば、走っている最中にもスマホで動画を見たり、音楽を聴いたり、ツイッターのタイムラインを追いかけたりすることができるからだ。同じことを屋外のランニングでやるのはあまりにも危険だ。

その意味では、「同時にやりやすいかどうか」を基準にしながら、ふだんの行動をデザインしていくといいだろう。

CHECK!

□一日のなかでも「密度が薄い時間」はいつだろうか？

10

得意なことに集中投資しろ

本当の意味で時間に革命を起こそうとするなら、自分一人だけでがんばっても限界がある。

積極的に「他人」を使うべきなのだ。

人に任せることをしないかぎり、実感として時間が増えることはまずない。「全部を自分でやろうとしない」というのは、時間術の核心である。

はたから見ると、ぼくはものすごくいろいろなことができる人間に映っているらしい。しかし正直なところ、「スキルの幅」に関しては、ぼくは決して天才レベルというわけではない。

ときどき経営者のなかには、何をやらせても一流のオールラウンダーがいたりするが、ぼくは間違いなくそういうタイプではない。

起業した頃から、会計とか税務は外注先に丸投げでお願いしてきた。取引先への支払い手続きも自分でやったことがないし、書類の記入もスタッフに頼むケースがほとんどだ。

これは別に、単に面倒臭いからそうしているわけではない。シンプルに言えば、こうした仕事は「ぼくがやる必要がない」のだ。

ぼく以外でもできることは専門知識や適性がある人に任せて、ぼくは自分が得意なことに集中する。そもそも会社に赤の他人同士が寄り集まる意味は、そこにしかない。

チームワークとか絆など全部まやかしだ。

得意な人が得意な仕事に集中し、より多くの利益を上げる。そのために会社があるのだし、それができない会社に存在価値はない。

プライベートでも同じだ。

刑務所から出てきて以来、ぼくはいまホテル暮らしをしており、もう何年も自分で掃除・洗濯をやっていない。移動はタクシーだし、食事もすべて外食。ファッションについても、センスのいい知人が選んでくれる服を言われるがまま着ているだけだ。ようするに、衣食住のすべてが「人任せ」なのである。

掃除、洗濯、運転、料理、ファッション、どの領域においても、自分よりも得意な人がいることをぼくは知っている。

ぼくよりも片づけが大好きで、しかもうまい人はいるだろう。ぼくよりも料理に情熱を持っていて、実際においしい食事をつくれる人だってゴロゴロといる。

いつも時間がないと言う人は、自分の「コアバリュー」が見えていない。だから、得意でないことに手を出して疲弊し、誰でもできる雑務を抱え込んでパンクする。

これは能力的に優秀かどうかという話ではない。

むしろ、自分に自信がある器用な人ほど、他人に任せられないものだ。

ぼくはプログラミングが好きだし、それなりに得意だと思っているが、2000年前後からはそれもやめてしまった。ぼくより速く正確にコードを打ち込める人材はいくらでもいるからだ。

ぼくは自分に何ができるか、自分は何が得意なのかをよく知っているし、自分より優秀だと思えば、躊躇なくその人に任せられる。

変なプライドがまったくないことが、ぼくの強みなのだ。

より多くの時間を手に入れられるのは、いつも「できません。代わりにやってください」と言える人だ。

「はい、自分でがんばってみます」しか言えないプライドの高い人間は、どんどん時間貧乏になっていく。世の中はそうなっているのだ。

ただしこれは、「人をこき使え」「時間を奪い合え」という話ではない。

何かを他人に任せることで、あなた自身もその人も同時にバリューを発揮できることが望ましい。

任される側も気持ちよくなる任せ方ができない人は、必ず信頼を失い、しっぺ返しを食らうからだ。双方の「自分時間」が増える任せ方をしたほうが、結果的には得をする。これは覚えておくべきだろう。

CHECK!

□くだらないプライドで仕事を抱え込んでいないか？

11

継続自体に価値はない

くだらない悩みにとらわれたり、物事の優先順位を絞り込めなかったり、なんでも自分でやろうとしてしまう人には、1つの共通点がある。

それは、物事を「全か無か」「ありかなしか」「勝つか負けるか」のように、両極端でしか見られないということだ。

これをぼくは「ゼロイチ思考」と呼んでいる。

この話をすると、「ホリエモンこそゼロイチ思考ではないか」などと言われることがある。ぼくはいつも意見をはっきりと言うから、何事も白か黒かで考えているように見えているのだろう。

しかし、それは誤解だ。

たとえば、ぼくが「文句を言いながらダラダラと会社員を続けているやつはバカだ」と言ったりすると、「でも、誰もが起業家として成功できるわけじゃありませんよ！」などと食ってかかってくる人がいる。

また、ぼくが狭義の「家族」を否定して、「同じパートナーと一生を連れ添うのはゴメンだ」と語ると、「そんなことをしたら、社会のモラルが壊れる！」とか、「誰が子どもを育てるんだ！」という批判が飛んでくる。

おわかりだろうか？

ぼくはひと言も、「世の中全員が起業家になるべきだ」とも「すべての家族は不要だ」とも言っていない。

しかし、トンチンカンな批判をしてくる人たちは、ぼくの話を勝手に一般化して、それに噛みついているのである。


こういうバカげた誤解が起きるのは、彼らが「ゼロかイチか」でしか物事を考えられていないからだ。

しかし、世の中のたいていのことはグラデーションになっている。昔ながらの結婚制度で幸せになれる人もいれば、そうでない人もいる。

サラリーマンが性に合っている人もいれば、ずっと同じ会社にはいられない人もいるし、そもそも組織に馴染まない人もいる。両極の中間には無数の「グレー」が存在している。

「人それぞれ」というだけの話ではない。同じ個人であっても、「時間」の軸を入れてみれば、ずっと一貫しているわけではないはずだ。

ある時期には「家族とずっと一緒にいたい」と思うこともあるだろうし、「月に1回、家族と会えればいい」という価値観の時期だってあるだろう。それ以外にも無数の家族観があっていい。

世界は「AかBか」というように割りきれるものではない。それなのに「ゼロイチ」の発想に縛られている人は、「一度Aを選んだら、Aを継続しなければならない」と考えている。だからこそ、Aを選ぶことを重大に捉えてしまい、結果として動けなくなる。AとBを両方優先しようとして、一人で抱え込んでしまったり、ひどく消耗したりする。**手元から時間がなくなる原因の大部分は、ゼロイチ思考にあるのだ。**

「継続は力なり」などという言葉を真に受けてはいけない。

「続けられるかどうか」なんて考えずに、まずはじめればいい。ダメならほかに乗り換えるだけだ。

ぼくは飽きっぽい性格だから、そもそも「継続の喜び」のようなものをまったく理解できない。インターネットビジネスに思いっきりのめり込んでいたのも、結果的にそうなったというだけでしかない。継続というのは単なる結果なのだ。

以前にかなりハードなダイエットをはじめて、1カ月で10kgくらいの減量をしたときも、「無理なダイエットは続きませんよ！」などと忠告をしてくる人がいた。

余計なお世話だ。

リバウンドしたら、またやせればいい。ダイエットがイヤになったらやめればいいし、やっぱりやせたいと思えばそのとき考える。それだけだ。

短期目標こそが、人生をたのしむための秘訣だ。いつだって短期集中型でいい。「やせると決めたら一生やせていないといけない」「サラリーマンをやめたら、死ぬまでフリーランス」なんて誰も言っていない。

大事なのは「続けること」ではなく、「動き続ける」ことだ。動くためには、やる前から継続なんて考えるほうが愚かなのだ。

CHECK!

□「1週間後に○○する」短期目標を立ててみよう

12

時間を食い逃げする人間関係は手放せ

「〝いい人〟ってどういう人ですか？」

こう聞かれたとき、たいていの人は「やさしい人」「信頼できる人」「一緒にいて落ち着く人」などと答える。

しかし、これらはどれも曖昧で、その時々によって意味が違ってくる。その結果、「いい人」だと思っていた人が、そうでなかったことが判明したりすると、大きなショックを受けたり、悩んだりということになる。

問題はあなたの価値の軸がはっきりしていないことだ。

「タイムイズライフ」、つまり、「最も大切なのは時間」という価値観があれば、「いい人」の意味ははっきりする。それは「あなたの時間を奪わない人」「あなたの時間を増やしてくれる人」である。それ以上でも以下でもない。

これを基準として持っておけば、人生においてどの人間とつき合うべきで、どの人間を切り捨てても問題ないかがはっきりする。

いくらつき合いの長い友人だろうと、いくら世話になった上司だろうと、いくら魅力的な異性だろうと、あなたから時間を奪う人は、端的に言って「悪い人」である。

その人はあなたの人生の価値の源泉、すなわち時間を削り取っていくからだ。

そういう人間は、「他人時間の猛獣」そのものだ。

その人とつき合っているかぎり、あなたの時間は削り取られ、人生は少しずつ食い殺されていく。そういう人とは距離を取るにかぎる。

逆に、あなたにできないことを代わりにやってくれて、あなたのコアバリューを引き出してくれる人、しかも同時に、相手もメリットを感じてくれるような人――それこそが「いい人」、あなたの人生に必要な人だ。

性格がいいとか、社会的な地位があるとか、信頼できるとか、血がつながっているとか、そういうことはどうでもいい。ぼくの時間を増やしてくれるのなら、どんな無礼なやつでもかまわない。

道を歩いていると、ときどきぼくのことを呼び止めて、「堀江さんのファンなんです！」とか「本を読みました。感動しました！」とか「ツイッターをいつも見ていますよ」などと言ってくる人がいる。

また、ぼくがやっているオンラインサロンでも、「今日は大変貴重なお話ありがとうございました。ぼくが感銘を受けたのは3点ありまして……」などと勝手に語り出す人がいる。

こういう人たちの言動に、ぼくは1ミリも心を動かされない。いや、虫の居所が悪かったりすると、キレることすらある。どれもぼくの時間を奪う行動だからだ。

以前、新幹線で激怒したことがある。

スマホを見ていると、前に座っていた人がこちらを振り返って何かを言っている。わざわざイヤホンを取って「何ですか？」と聞き直すと、彼は「すみません、座席を倒してもいいでしょうか？」と聞いていたのだ。

座席なんて倒したいなら倒せばいい。ぼくの時間を奪ってまで、そんなことを確認してこないでくれ！

「そんなことで怒らなくても……」とお思いだろうか？

ぼくにとってはどこまでもあたりまえなのだが、世の中の価値観のなかでいちばん摩擦が起きるのもここだ。なかなか理解してもらえない。
しかし、時間がいちばん大切だという前提に立てば、何度考えてもこの結論にしかならない。くだらない人間関係や礼儀に執着している人は、やはり時間の大切さを本質的には理解できていないのではないだろうか。

CHECK!

□あなたの時間を最も奪っているワースト3は誰か？

chapter

3

「常識や世間体」に時間を溶かすな

13

「無常」こそが体感時間を無限にする

勉強家であるのはけっこうだが、「学ぶ」ことが好きな人ほど、時間貧乏になりやすい。東大の同級生などを見ていても、官僚になったような優秀な人ほど、同い年とは思えないくらい老け込んでいたりする。

なぜこうなるかといえば、彼らは世の中に存在している常識についても、あまりにもうまく〝学んで（Learn）〟しまうからだ。

「これがあたりまえだ」「そんなの常識だよ」というのが口癖になっている人は、注意したほうがいい。

既存の仕組みや制度を「あたりまえのもの」と受け止めた瞬間に、あなたの自分時間はものすごいスピードで手元からこぼれ落ちていくようになる。

ぼくはいろんなところで「バカになれ」と語ってきた。

これは勉強ができるとかできないとかいった話ではない。むしろ、一度学んでしまった常識をどれだけ〝忘れる（Unlearn）〟ことができるかが大事なのだ。

別に、わざと非常識な振る舞いをする必要はない。しかし、常識からどれだけ距離を取れるかは、時間の感じ方を大きく左右する。

子どもの頃を思い出せばわかることだ。

世の中の「あたりまえ」をインストールしていないうちは、1日、1カ月、1年がものすごく長く感じられる。

そもそも「常識＝あたりまえのこと、自然なこと、不変のこと」というのは、ひどい思い込みである。変わらないものこそが自然だなんてとんでもない。常識なんて、その時代や文化しだいでいくらでも変わる。

よくよく振り返れば、「変わること」こそが自然の摂理なのだ。それなのに、変化の一部だけを切り取って、「不変の真理」であるかのように扱ってしまう――どうやら人間にはそういう勘違いのクセがあるらしい。

こういう観点で言えば、「自然保護」というのは、どこまでも「不自然」な行為だ。過去からの変化のプロセスにすぎないものを、勝手に「不変のもの」であるかのように見立てて、変化を人為的に妨げているからだ（ただ、これはこれで面白いし、自然保護活動までを否定するつもりはないが）。

同様に、「美しい伝統的な日本語を守ろう」などという話も、バカげている。

言葉がどれくらい移ろいやすいものかは、誰もが「古典」の授業などでよくわかっているはずだ。厳密に言えば、彼らが「正しい日本語」などとありがたがっているのは、たかだか100年くらいの歴史があるものにすぎない。

ぼくがいつも言っている「バカになれ」というメッセージを、人類史上最もシンプルな言葉にするならば、「無常」である。

仏教の祖であるブッダがわざわざ「諸行無常」を主張したり、ヘラクレイトスという古代ギリシャの哲人が「万物は流転する」と語ったりしたところを見ると、人間はずっと昔からこの勘違いを繰り返しているのだろう。

そういうわけで、ぼくの根本的な価値観は、どうやら仏教のそれにけっこう近いらしい。実際、博識な人と話していると、よくそんな指摘をされることがある。

ちなみにこれは、東大時代に宗教学科に所属していたのとはまったく関係ない。麻雀と酒浸りの毎日を送っていたせいで、そこしか受け入れ先がないくらい成績が悪かっただけだ。

その後、大学は中退してしまったので、仏教のことはほとんど知らないし、1ミリたりとも信仰心のようなものはない。

「常識」から「無常」へ――思いきって「時間の捉え方」を変えることが、時間革命への最短ルートなのだ。

CHECK!

□ 10年前にあったが、いまは消えた「常識」を1つ思い出してみよう

14

行動量は情報量に比例する

「常識」から抜け出すと言っても、多くの人にとって、それはなかなか容易ではないことのようだ。

「おっ！　この人はわかってるな……」と思った人でも、よくよく話してみると、意外とくだらない常識にとらわれていたりする。

常識の呪縛というのはけっこう強固なのだ。

そこから解放されるために必要なのは、「動き続けること」——これに尽きる。

よく「行動が大事だってのはわかっているんですが、私、行動力がなくて……」などと相談してくる人がいる。

まず断っておくが、ぼくは実際のところ、「行動力」などというものは存在しないと思っている。「行動力」をより多く持っている人はたくさん行動し、その「力」がない人はなかなか動けない——そんなふうに考えていないだろうか。

行動力などというものは、見ることも触れることもできない。単なる空想の産物である。存在するのは「個々の行動」だけだ。そして、たくさんの行動を起こしている人を見て、ぼくたちは「あの人には行動力があるね」などという言い方をする。
これはすべての「○○力」について言えることだが、「力」というのは、人間が後づけで考えただけのフィクションであり、思考停止の産物でしかない。

では、なぜすぐに行動できる人とそうでない人がいるのか？ その違いを生み出しているのは「情報量」の差である。

行動力などという得体の知れないものが、フットワークの良し悪しを決めているわけではない。その人がどれだけの情報を持っているか、何をどれくらい知っているかによって、人間の行動量は規定されているのだ。**だから、「動き続けられる人」になりたければ、情報量を増やしさえすればいい**。ごくごく単純な話だ。

「現代は情報過多の時代。情報が多すぎて逆に動けなくなる」などというのも、都市伝説の類だと思ったほうがいい。そういうことを言っている人にかぎって、大した情報を持っていない。「情報洪水」どころか、中途半端な量の情報に触れて満足しているので、かえって身動きが取れなくなっているのだ。

ぼくに飛び抜けたところがあるとすれば、それは圧倒的な量の情報に触れて、それを処理していることだろう。

ふつうの人と比べると、ぼくが浴びている情報シャワーの量は、桁が1つか2つ分くらいは違うと思う。

これを続けていれば、この世には「変わらないもの」など存在せず、すべてが「無常」だと思わざるを得なくなる。

情報のソースや質はどうでもいい。

情報収集に使っているツールだって、誰もが知っているふつうのニュースアプリでしかない。暇さえあれば、LINEニュース、スマートニュース、NewsPicks、グノシー、antenna、ツイッターなどをひととおり巡回して、膨大な量の情報に触れる。時事やビジネス・経済だけでなく、グルメだろうがファッションだろうが、食わず嫌いはしない。

ぼくは全部のニュースを記憶しろと言っているわけではない。シャワーのように

〝浴びる〟だけで十分だ。

目にしたニュースをすべて覚える必要などまったくない。ぼく自身、9割以上のニュースは、読んだそばからもう忘れていると思う。

さらに意識するといいのが、単なるインプットで終わらないこと。

ぼくはNewsPicksなどのコメント機能を使って、気になったニュースにひと言コメントを加えるようにしている。このアクションを挟むと、脳内に情報がしっかり残って、ちょっとした会話などでも、そのことを思い出しやすくなる。

CHECK!

□いますぐニュースアプリを3つダウンロードしよう

15

自分のリズムを狂わされるな

大量の情報に触れるためにはリズムが大事だ。

昔なら情報を得る手段と言えば、新聞やテレビしかなかった。しかし、テレビは途中にCMが入ったりするし、興味のない情報をスキップできない。何より、テレビの前に座っていないといけないというのがアホらしい。

新聞も速報性がないし、サイズが大きくてめくりづらい。リズムよく情報に触れるには、不向きなメディアなのだ。

その点、スマホは情報摂取のリズムづくりにはもってこいである。短時間でより多くの情報を得られるようなアプリがあれば、どんどんそちらに乗り換えるべきだ。なるべくまとめて多くの情報に触れられるプラットフォームをおさえておくのがいい。NewsPicksのようなキュレーションメディアならば、いつも有益なニュースを取り上げてくれる人をフォローすることで、より効率的に情報を取ることができる。

必ずしもデジタルデバイスに限定しなくてもいい。

人に会って話を聞くのも、立派な情報シャワーだ。このとき注意が必要なのは、いつも同じような人とつるむのではなく、なるべくいろいろな人と時間を過ごすようにすることだろう。

そのほか、カフェで聞こえてくる会話、街を移動しているときの景色などなど、「情報シャワーのためのメディア」は、そこらじゅうに転がっている。

こうやって情報をかき集める習慣を身につけると、自分のなかにも一定のリズムが刻まれてくる。すると、自分のアウトプットにもリズムが生まれてきて、仕事をこなすのがグッとラクになる。

ぼくはこれまで、メルマガの連載を休んだこともないし、原稿の締め切りなどにも遅れたことがない。驚かれることも多いが、歯を食いしばりながらスケジュールを厳守しているのかというと、全然そんなことはない。「自分のなかにある決まったリズムに従った結果、すべてが予定どおりに進んでいる」というのが感覚的には近い。

どんなに仕事の処理能力が高くても、リズムとか間《ま》が悪い人は何をやってもダメだ。そういう人は、相手の都合もかまわずに変な時間に電話をかけてきたり、土壇場のタイミングで過大なリクエストを送ってきたり、用件のわかりづらい長文メールを送ってきたりする。

遠目から見るとものすごく優秀に見えていても、実際にはリズムの悪さのツケを周囲に押しつけているだけなので、とても仕事がやりづらい。

そんな人が決まって口にするのが、「バタバタしていまして……」という言葉だ。こういう人には本当にイライラさせられるが、彼らは決まって「優先順位がつけられない」「仕事をまとめて片づけようとする」という2点で共通している。

災害や大事故の現場に、あなたが医師として派遣されたとしよう。

そのとき、目の前で骨折して苦しむ人を思わず助けてしまう人は、優秀な医者とは言えない。必要なのは、命の危険がある人、その次に重傷を負った人、最後に軽傷の人というように治療の優先順位の仕分け作業を行うことだ。これをトリアージという。かぎられた時間のなかでより高いパフォーマンスを上げる（より多くの命を救う）ためには、順序づけが効果的なのである。

また、1つの仕事をまとめてやろうとするのもNGだ。大きな仕事ほど、できるかぎり細切れにして、すきま時間を使いながら少しずつ進めていくべきである。

「今週いっぱいで片づけよう」とか「よし、来月には終わらせるぞ」などと、仕事を塊のまま放置し、塊のまま片づけようとすると、絶対に予定どおりにいかない。

「優先順位+細切れ」を心がければ、自分のペースをつくりながら仕事を進めていけるはずだ。そのリズムを乱す人とは、なるべく距離を取るのがいちばんだろう。

CHECK!

□遅刻、ムダな呼び止めなど、他人のリズムを壊していないか?

16

9割が「仕事をつくるための仕事」にすぎない

現代人は、1日の大部分を仕事に費やしている。

しかし、そんなに働く必要があるだろうか？　食べていくためには仕方がない？

本当にそうだろうか？

贅沢さえ言わなければ、いまの日本でただ食って生活していくのは、それほど難しいことではない。

わざわざしんどい仕事を選ぶ必要もないし、最低限のお金でそこそこの生活ができるだけのインフラが日本にはある。

どうしても働けないなら、生活保護という手段もあるし、農業技術も発達しているから、自給自足の生活だって不可能ではないだろう。

つまり、現代では、食べるために働いている人など、ほとんどいないのだ。


では何のために働いているか？

単純に言えば、「暇つぶし」である。

本当はみんなわかっているはずだ。現代社会では、ほとんどの人は、もはや「趣味的な仕事」しかしていない。「次の仕事」をつくるために仕事をしているようなものであり、やらなくても誰も困らないようなものが大半を占めている。

かつては、家族やコミュニティが食い扶持《ぶち》に困らないように、全員が汗水を垂らして働く必要があった。しかし、技術革新の結果、すべての人が働かなくても、食べるには困らない社会はとっくに実現している。

仕事がありすぎて自殺してしまう人は数万人いるが、仕事がなさすぎて餓死する人はほとんどいない。

今後、ロボティクスやＡＩ（人工知能）が発達していけば、ぼくたちの労働からは「食べるため」とか「稼ぐため」と言った意味は、ギリギリまで剝ぎ取られていくだろう。そうなると、仕事するのがイヤな人、もっとほかにやりたいことがある人は、働かなくてもいい社会がやってくるかもしれない。

それを実現するための1つのオプションが「ベーシック・インカム」だ。

これは、赤ん坊だろうと老人だろうと、貧乏人だろうと金持ちだろうと関係なく、全員一律にお金を配る社会制度だ。「貧困をなくすセーフティネット」という文脈で語られることが多いが、実際には、「人の時間の使い方」に革命を起こすインパクトがあると思う。

「生活費のため」とか「クビになりたくないから」とかいった理由で、ストレスを抱えながら嫌いな上司の下で働いたり、退社時間を気にしながらつまらない仕事をこなしている人はけっこういるだろう。

最低限の生活費が配られるようになれば、そうやって仕方なく仕事をしている人たちは全員、労働時間から解放される。そうなれば、国家レベルで「時間の使い方」がガラリと変わることになる。

もちろん、一律にお金が配られるようになっても、「仕事をしたい人」「もっと稼ぎたい人」は働き続ければいい。

ただし、その仕事は、趣味やゲームのようなものであり、もっと気楽にたのしめるものであるはずだ。ベーシック・インカムのような制度が、すぐに導入されるかはわからないが、1つの思考実験としては意味があるだろう。

膨大な業務に追われて汲々としている人、真面目に考えすぎて心の病気になりかけている人は、よく考えてみてほしい。

あなたがいまやっている仕事が消えたとしても、誰かがお腹を空かせて死んだりするだろうか？　しないはずだ。だから、そんなに真剣になる必要はないし、一生懸命になりすぎてもしょうがない。

「納期までに終わらせなきゃいけない！　仕事の時間が足りない！」などというのは、集団の思い込みにすぎない。

たしかなのはただ1つ、あなたの時間にはかぎりがあるということだけだ。

CHECK!

□「仕事＝本当はしなくていいもの」と考え直してみよう

17

ぼくはずっと たのしい仕事しか するつもりがない

ぼくはいつもスケジュールを詰め込めるだけ詰め込んで、朝から晩まで動き続けている。ぼーっと休んだり、くよくよと悩んだりしている暇がない。

いつも目の前のことに夢中で、「いま、ここ」の自分しかいない状態だ。

だからといって、自分は「立派だ」とか「偉い」などとは1ミリも思わない。

なぜなら、ぼくは主観的には「ただ遊んでいる」だけだからだ。別に「社会をよりよくしたい」と願いながら、歯を食いしばって激務をこなしているわけではない。

そもそも「労働＝つらいけど尊いこと」などというのは、前時代的な考えでしかない。たしかに、もし食糧をつくったり獲ったりする人がいなくなれば、人間の命が続かなくなってしまうから、これはぼくたちにとって貴重な労働だとは言えるかもしれない。しかし、こうしたいわゆる第一次産業（農業や水産業など）を除けば、ほとんどの労働は尊いものだとは言えないだろう。

「労働は尊いもの」とか「働かざる者、食うべからず」といった固定観念は、おそらく農耕社会に由来している。江戸時代の日本は8〜9割が農民だったはずだし、戦前にも半分くらいが農業従事者だったはずだ。

そういう社会では、「どれだけつらくても我慢して、協力しながら働くことが善」という職業倫理がまかり通ることになる。

しかしいまや、専業農家なんて人口のごく一部だ。

農業技術にもイノベーションが起きたから、わずかな人が働きさえすれば、ほとんどの人の食べ物には困らないし、外国から輸入もできる。もはや「労働＝尊い」の根拠はとっくに消滅しているのだ。

それにもかかわらず、いまだに多くの人が働くことに「意味」を求めているのは、長年の〝刷り込み〟があるからだろう。


「身体がボロボロになるまで深夜残業して、圧倒的な結果を出しました！」

「血の滲むような努力をして、社内№1のトップセールスに登りつめました！」

「勇気を出して起業して、膨大な利潤を手にしました！」


それがどうしたというのだろう？

「どれだけがんばったか」「どれだけ結果を出したか」「どれだけ儲かったか」──それらは、あなたの仕事の価値を左右しない。

努力、成果、お金……そんなものに「働く意味」を求めているかぎり、あなたの人生は「他人時間」に食い荒らされて終わっていくだけだ。

現代においては、仕事はどこまでも趣味的なもの、自己満足でしかない。だからこそ、その価値はただ1つの点──「たのしいか、たのしくないか」にしかない。

ぼくはこれからもずっと、「たのしい仕事」しかするつもりがない。

「イヤな仕事」「苦しい仕事」はやらないと決めている。なぜなら、すべての仕事は本来、「やらなくていいもの」だから──。ごくあたりまえの話ではないだろうか。

ただ、各人が好き勝手に振る舞ったとしても、結果が同じになるわけではない。個人の能力には当然ながら差があるし、「運」や「巡り合わせ」の作用も大きい。ちょっと古い言い方をすれば、「勝ち組」と「負け組」はどうしても出ることになるはずだ。

それでも問題はない。

みんなの目的が、「勝つこと」ではなく、「たのしむこと」になっていれば、「負けた人たち」も決して不満は持たないはずだ。

必要なのは、結果の差そのものを無くして、「悪しき平等」をつくることではない。

現代の問題の本質はむしろ、「イヤな仕事をして、負けている人」がいることなのだ。

誰もが「たのしい仕事」をするようになれば、たとえ結果がいまひとつであっても、そこには確固たる満足感が残るはずだ。

「負けても満足できる競争社会」をつくるためには、何よりもまず「仕事＝つらいけど尊いもの」という思い込みが邪魔なのだ。


CHECK!

□仕事に伴う「努力・成果・お金」に意味を見出していないか？

18

食欲・性欲・睡眠欲は「幸福を感じるためのツール」

「たのしい仕事しかしない」という話をすると、「苦労した末にやりがいや達成感を得られる仕事だってある」「長期スパンで考えたほうが、より大きな幸福を得られるはずだ。目先のたのしさを追うだけではなく、我慢や努力だって必要だ」という反発を覚える人もいるだろう。


たくさんの人が、幸福について誤解していると思う。

だいたいみんな、幸せというものを、何か高尚なものだと思いすぎなのだ。


幸福というのは、努力や成長を積み上げた先にある「点」などではない。日々のあらゆる時間のなかに横たわっている「線」だ。

つまり、グーッと我慢を重ねて、あるときポンッといきなり幸せに「なる」のではない。ぼくたちはいつでも幸せで「ある」ことができる。

幸福は0か1かの世界ではなく、無限の「度合い」があるものなのである。つまり、100%の幸福なんてものはない。あるのは、「ちょっと幸せ」とか「まあまあ幸せ」とか「めちゃくちゃ幸せ」といった「度合い」だけだ。

それをわかっておくだけでも、ムダな努力に時間を費やしてしまわなくなるのではないかと思う。

そう考えてみると、「できるかぎりの幸福を目指してがんばる」というのは、じつは矛盾している。より大きな幸せを追求してがんばるということは、そのプロセスにおいて苦労や苦痛も大きくなることを意味するからだ。

だから本当に大切なのは、幸福量と苦痛量の「分岐点」をしっかりと見定めることだ。最終的に得られる幸福と、途中プロセスで味わう苦痛とを比較したとき、あまりにもがんばりすぎて、結果的に苦痛のほうが多くなってしまっては元も子もない。

逆説的に聞こえるかもしれないが、人間は幸福を最大化しようと躍起になるほど、じつは不幸になるようにできているのだ。

では、「より多く」幸せになるために、何が必要なのだろうか？

それは「食欲・性欲・睡眠欲を満たすこと」――これに尽きる。

地球上に生きている人間は、1日サイクルで欲望がリセットされるようにできている。眠りは1日サイクルの欲望の最たるものだが、食欲や性欲だって考えてみれば、似たようなものだ。

おいしいものを食べて、「う〜ん、これは最高にうまい！　幸せだなあ！」と感じても、次の日になれば、またしっかりとお腹が減って、おいしいものを食べたくなる。空腹でありさえすれば、だいたい何を食べてもおいしくて、幸せになれる。

セックスもそうだ。1回セックスしたら、次の日はもう気持ちよくないなんてことはない。地球がまた1回転してからセックスをすれば、やっぱりちゃんと気持ちいいし、幸せになれる。そのまま朝までぐっすり眠れば、こんないい気分はない。

すばらしいと思わないだろうか？

ぼくたちには、毎日つねに幸福を感じられるように、「食欲・性欲・睡眠欲」という最高のツールが用意されているわけである。

幸せというのは本来、こういう手近なものだ。

そして、それをいつでも手軽に得るための機能が、人間にはもともと実装されている。それらのツールを使うことなく、睡眠時間を削って仕事をしたり、まずいものばかりを食べたり、セックスのない日常を送ったりしているのは、本当にもったいない。

不満がゼロになることはないだろう。

しかし、この3つの本能を満たしさえすれば、ぼくたちは〝そこそこ〟幸せにはなれるのだ。それでいいではないかと思う。

CHECK!

□本能を満たすことをおろそかにしていないか？

—19—

「年齢」とは幻想である

「たのしいことだけやれ」「本能を満たせ」という話をしても、「いやあ、自分はもう若くないですし……」などと苦笑いをする人がいる。

まったくバカげているとしか言いようがない。

ぼくは現時点で46歳だから、世の中では中年と言われる年齢だ。外見的には歳をとったと思うし、肉体的な衰えがまったくないと言えばウソになる。

しかしぼくには、「老いた」という実感がほとんどない。

東大で麻雀と酒に溺れる毎日を過ごしていた自分、寝食を忘れてビジネスにのめり込んでいた自分、ライブドアの経営者としてたくさんの社員に囲まれていた自分、長野刑務所で「衛生係」をやっていた自分……。

人から見ればものすごい振り幅の人生かもしれないが、じつのところ、ぼくの内面では変化らしい変化は起きていない。

誇張でもなんでもなく、久留米で少年時代を過ごしていた頃と大差ないのだ。

そもそも年齢なんて、脳が感じた幻想にすぎない。

本人が「自分はもう年寄りだ」と思えば、その人は実際に老いていくだろうし、年齢に無自覚なまま、たのしいことに夢中になっていれば、老いなんてものを感じないで済む。

だから、肉体的変化を言い訳にして、「自分はもう若くないので、たのしめません」なんて諦めてしまうのは、愚の極みである。

ちょっと歳をとったくらいでは、人間なんて大して変わらない。何歳になっても、たのしいことはたのしいものだ。

その一方で、ぼくがいつも意識しているのは、「変わらないものはない」ということだ。あらゆるものはいつかバラバラになる。ずっと続くものなんてないし、「長続きすること」それ自体には、何の意味もない。

お金もモノも、人間関係も会社も、いつかは壊れる。

これは「ゆく川の流れは絶えずして……」（『方丈記』）とか「祇園精舎の鐘の声、諸行無常の響きあり」（『平家物語』）みたいな「無常」の世界だ。

どういうわけか、ぼくは中学のときの卒業文集でも「諸行無常」をテーマにしていたくらいなので、こういう価値観がずっと根っこにあるらしい。

熱力学の第二法則、いわゆる「エントロピー増大の法則」なんかも、これに近いだろう。たとえ秩序がつくられていても、エントロピー(乱雑さ)はたえず増大し、すべての物事は拡散・崩壊に向かっていく。それが世界の理《ことわり》なのだ。

しかし、いっさいが無常で、現れては消える「泡」のようなものであるにしても、「何をしてもムダ」とか「すべてを諦めたほうがいい」と思っているわけではない。

忘れてはならないのは、ぼくたちは本質的に、そういう1個1個のくだらない「泡」に、幸せを感じられてしまう存在だということだ。

所詮は「泡」なのだから、割れないように大事にしすぎても仕方がないし、たとえ消えてしまっても打ちひしがれる必要もない。

ただ、次から次へと現れる「泡」をたのしめばいい。

ぼくはいつも目の前のことに夢中になりながらも、頭のどこかではずっと「無常」

のことを考えている。

というよりも、「この世には常なるものなど存在しない」と心から信じているからこそ、目の前の「たのしいこと」に集中できる。

あなたが文句を言っている会社も上司も仕事も家族も、いつかは存在しなくなる。

だとしたら、そんなものに時間を割いている暇はないはずだ。

もっとたのしいことに手を伸ばさないでどうする？

「すべては無常」だと思って生きると、くだらないこだわりが消えて、ずいぶんとラクになれる。

CHECK!

□いまこの瞬間、「泡」をたのしめているか？

20

「作業」を受け入れるから身動きが取れなくなる

人類発展の歴史は、技術革新の歴史だ。

狩猟・採集をして生きていた人類が、農耕・定住のライフスタイルを手に入れられたのは、農業革命のおかげにほかならない。

これにより飢餓による死者が減り、1つのコミュニティが抱えられる人口が、飛躍的に増大することになった。

ここで生まれたのが、短期的なたのしみをなるべく我慢して、多少の苦労をしてでも、より大きな成果を得ようとする発想である。

毎日働くのがつらいからといって、農作業をサボっていると、半年後には収穫できる作物がなく痛い目を見ることになる。また、食べたいときに食べてしまえば、将来的に食い扶持に困るのは自分たちだ。

その結果、人類は1日ごとにリセットされる食欲・性欲・睡眠欲という本能を手放し、「我慢すること」を覚えるようになった。**「自分の時間」を犠牲にし、集団の規律に合わせて動くようになった。**

その後も小さなイノベーションは起きていたが、農業革命に匹敵するインパクトをもたらしたのは、18世紀イギリスからはじまった産業革命だろう。そのなかでも顕著なのが、ワットが発明した蒸気機関だ。

これが機械工業による大量生産につながった。

つまり、人類が自ら手を動かさなくても、モノを生み出すことができるようになったのだ。この頃あたりから、人類の「余暇」の時間は、爆発的に増えることになった。

また、電球の発明も大きいだろう。

電気の灯りを手に入れる以前、夜というのは寝る以外にはすることがない時間帯だった。しかし、仕事を終えて家に帰ってきたあとも、電球をつければ部屋を明るく保つことができる。本を読むこともできるし、酒を飲んでもいい。電球も「余暇」の増大に寄与したはずだ。

その証拠に、時間をつぶすための遊びの多くは、産業革命の起きたイギリスが発祥である。サッカー、テニス、ゴルフといったスポーツもそうだし、近代ギャンブルやカードゲームなどもイギリスで生まれたものが少なくない。

近代以降の人類は、いかに暇をつぶすかに必死で向き合ってきたとも言える。

これに続く情報革命や人工知能、オートメーションがさらに進めば、ますます「労働」に時間を割く人は減っていくだろう。

そういう時代であるにもかかわらず、「自分の好きなこと」に夢中になれない人は、いまだにどこかで「農業的なマインド」に縛られている。

いや、いまだって本当は、ぼくたちは暇で仕方がないのだ。

「毎日のように残業続きです……」

「有休も取れないから、余暇なんてとんでもない！」

果たして本当だろうか？

口では「忙しい、忙しい」と言ってはいても、実際のところ、その忙しさに見合うだけのパフォーマンスを本当に上げているだろうか？

もちろん、自分の希望とは関係なく、他人からどんどん仕事を振られるのに任せていれば、忙しいように〝感じる〟のは間違いない。

しかし、結局それは、暇を「作業」で埋めているだけではないのか。

その作業がなかったとして、あなたはそれを埋められるだけの「やりたいこと」を持っているだろうか？


暇は十分にある。

本当の問題は、それを埋めるための「やりたいこと」があなたにはっきり見えていないことなのだ。


CHECK!

□ 3年働かなくていいなら、明日から何をする？

chapter

4

「夢中」が時間密度を濃くする

21

努力するな。
ハマれ

「どうやったら、夢中になれることが見つかりますか？」などと聞いてくる人がいる。

自分のやりたいこともわからないなんて、ぼくからすれば救いようのない話に思えるが、意外とそういう人は多いみたいだ。


まず言えるのは、やりたいことや夢中になれることは、探すようなものではないということだ。

これはすべてに言えることだが、そもそもぼくは「個人の努力」を信じていない。


ぼくの頭のなかにあるのは、一本の大きな「川」だ。

そこにプカプカと浮かびながら、流されているのがぼくたち人間である。

必死で手足をバタつかせれば、川の対岸に行けたりすることはあるかもしれない。

がんばって練習をすれば、泳ぎがうまくなったりもするだろうし、もともと泳ぎの能力が高い人もいるに違いない。

だがそれでも、流れに逆らって泳ぎ続けることはできない。

下流に向かってただ流されるしかないという点では、みんな一緒である。

だからぼくは、ムダな努力はしない。流されるがままだ。

力を抜いて水面に浮かんでいれば、余計なストレスはないし、運悪く水を飲んでしまうこともない。じつに快適なものだ。

そうやってリラックスしていると、ときどき川のどこからか「果物」がこちらに流れてくる。手を伸ばしてかじってみると、とてつもなくうまい。そうやって次々に視界に入ってきた「果物」に夢中になっているのが、ぼくの人生だ。

この「川下り＝人生」をたのしむうえで、大事なことは2つある。

まず、自分から「果物」を探し求めたりはしないこと。

人が食べているものをうらやんで、必死に同じものを手に入れようとしても疲れるだけだ。それが自分の口に合うともかぎらない。

そしてもう1つは、少しでもうまそうだと思ったら、選り好みせずに手を伸ばしてみることだ。

「やりたいことがない」と言う人は、じつは気になっている「果物」があるくせに、いろいろと言い訳をつけて、それを意識の外に追いやっているにすぎない。

「これに夢中になったら、あまりかっこよくないな……」とか「こんなものにハマっても、どうせ大してお金にならないし……」などと、ブレーキをかける必要はない。**気になったのなら、まずはそれにかぶりついてみるべきだ。**

何を隠そう、ぼくがインターネットに出会ったのも、何も考えずに1つのことにハマった結果だ。

東大生時代、競馬にどハマりしたぼくは、毎日のように馬券を買い、勝敗に一喜一憂する生活を1年くらい続けた。友達づき合いもしないでのめり込んでいたから、はたから見るとかなり悲惨だったと思うが、まさに夢中そのものだった。

その頃、より多くの資金が必要になったこともあり、仕方なくアルバイトをはじめた。インターネットを知ったのは、そのバイト先でのことだ。

そこでぼくは〝急旋回〟し、今度は一気にインターネットにのめり込んでいった。

最初につくったのは、予想ゲームがたのしめる競馬サイト「ダービースクエア」だった。当時の馬券はまだ単勝・複勝・枠連・馬連しかなく、三連単・三連複などがなかった。それをネット上でシミュレーションしてみたところ、これが爆発的に広まったのだ。

当時、1994年のことだ。これがオン・ザ・エッヂ（のちのライブドア）という会社のスタート時の事業になった。

あのとき、競馬にハマっていなかったら、ぼくはインターネットビジネスという巨大な「果物」に出合うこともなかっただろう。

きっと酒と麻雀をやるだけの自堕落な学生生活を続けていたはずだ（それはそれでたのしかったかもしれないが）。

CHECK!

□気になっていることを3つ挙げてみよう

22

力を抜きながら、かぎりなく熱中する

「川の流れに逆らうな」という話をすると、意外そうな顔をする人がけっこういる。「スケジュールを埋め尽くし、『多動』の状態をつくれ」というぼくの主張が、どうやらこの「流されるがまま」と矛盾する感じがするようだ。

そういう人は、「動き回る」とか「夢中になる」という言葉を聞いたとき、何かものすごいエネルギーを注ぎ込むようなアクションをイメージしているのではないだろうか。実際、そうやって周囲に「熱」をまき散らしながら動いているビジネスパーソンはやたらと目立つので、こうした誤解が起こるのかもしれない。

ただ、ぼくが言う「多動」は、こういう暑苦しい人たちのものとは根本的に違う。いつも説明に苦慮するのだが、あえて言葉にすれば「クールな熱中」とか「集中しているけどリラックス」というのが実感に近い。

川に流されながら、力を抜いてプカプカと浮かんでいると、次から次へとおいしそうな「果物」が現れる。ぼくはそれぞれに夢中になってはいるけど、わざわざ遠くに泳いでいったりはしないし、流れていくものを必死に追いかけたりもしない。

つまり、夢中になれるものが〝向こうからやってくる〟ような感覚であり、「多動」

というのは、ある意味では究極の〝受け身〟なのだ。

これは、チクセントミハイという心理学者が語っている「フロー状態」とか、スポーツ選手が体験するという「ゾーン」なんかに近いのかもしれない。

一流のアスリートが世界的な記録を叩き出すときには、すさまじい集中力が求められる。しかし同時に、彼らは心理的にはリラックスした状態を味わっていて、どこかで全体を俯瞰するような意識を保っているらしい。

脳科学的に見ても、あまりにも集中を高めようと躍起になると、脳内にノルアドレナリンという物質が増えて、かえって身体が緊張してしまうらしい。

そういうわけで、「多動」とは顔を真っ赤にして、髪を振り乱しながら、前後の見境がなくなるくらい必死になることではない。

むしろ、魅力的なおもちゃがひしめく部屋に投げ込まれた子どもが、目を輝かせながら静かに遊びに没頭しているのに近い。

自分を振り返ってみても、起業だろうと受験勉強だろうと、プログラミングだろうと競馬だろうと、何かに熱中しているときには、やはりものすごくハイになって純粋に気持ちがいい。

ぼくは決して勉強好きな子どもではなかったが、大学受験が苦痛だと思ったことはなかった。

東大しか受験しないと決めて、半年限定で集中的に勉強したところ、ガーッと英語の点数が上がっていった。こうやってハマってしまえば、もうこっちのものだ。ひたすら単語や文法の知識をどんどん詰め込んでいく。ゲームでアイテムを集めていくみたいで、たのしくて仕方なかった。

そういう意味で、人間に最も必要な能力をあえて1つあげるとすれば、それは「ハマる力」ではないかと思う。

「これに何の意味があるのか」とか、そんなことはどうでもいい。目の前に現れたものに、徹底的にのめり込む——これが重要なのだ。

極論すれば、最初は好きじゃなくてもいい。

まずは何も考えずに、サルのようにハマる。そうすれば「好き」とか「たのしい」

はあとからついてくる。

どうせ人間の好き嫌いの感情なんて、慣れとか習慣の産物にすぎないのだ。

だから、ハマりきってしまえば、たいていのものは「好き」になれる。

最初から好きになれるものを探す必要はない。何より優先すべきは、3日でも1週間でもいいから、ハマれるものを見つけることだろう。

CHECK!

□子どものときに熱中したものを3つ思い出してみよう

23

「ストレス時間」を徹底的に減らせ

以前のぼくは「ストレスが溜まる」という感覚がよくわからなかった。

生きていれば、不愉快な人間には出くわすから、そのときそのときで不快感は抱くし、面と向かってその人を罵倒することもある。

ただ、その場で発散してしまうので、ストレスが蓄積していくことはない。

もう関わるつもりがない人間はけっこういるが、ずっと恨んだり憎んだりしているわけではないので、悪い感情が腹の底に溜まるわけでもない。

すっきりしたものである。


ぼくが人生で初めてストレスが溜まるということを実感したのは、刑務所に収監されてからの日々だった。

このときは、ストレス発散の方法もかぎられていたし、自由を拘束されているわけだから、ストレスの原因から距離を取ることがそもそもできない。

このときようやくぼくは、「これが世の中の人がよく言う『ストレスが溜まる』ってやつか……」と実感したのである。

しかしそれと同時に、やはりとても不思議に思えてきた。

シャバにいる人たちは、いくらでもストレスの原因から逃げられるはずなのに、なぜいつまでも何も行動しないでじっとしているのだろう、と。

とくにみっともないのは、ストレスを感じているのに、不平を垂れ流しながら、現状に甘んじている人だ。

「会社の上司が無能すぎる！」とか「あの職場って本当にクソなんです！」とか「うちの夫はまったくダメで……！」などといつも怒っている人は、一度頭のなかで思い浮かべてみるといい。

あなたは川に浮かびながら、誰かが食い荒らした「残飯」を手にして、「こんなマズい食べ物はない！　なんだこれは！」と文句を言っている。だったら、そんなものは捨ててしまえばいいのに、それでもその「残飯」を後生大事に持っているのだ。

そんな人が「相談」などと称してぼくのところにやってきて、「堀江さん、この『残飯』ってすごくマズいんですよ。ひどくないですか？」などと言ってくる。

力を抜いて水面に浮かんでいるぼくには、そういう景色が見えているのだ。

「ふざけるな!! さっさと捨てろ!」

そんなふうにぼくが怒鳴りたくなる気持ちを、少しはわかってもらえるだろうか。牢獄に入っているのでもないかぎり、誰もあなたに「マズい残飯を食べろ!」なんて強制したりはしない。

あなたが勝手にマズいものばかりを食べて、ストレスを抱え込んでいるだけなのだ。

だから、ストレスを生む時間は、極力減らすべきだ。

そのときは「絶対時間」ではなく「体感時間」の長さを基準にするといい。

つまらないオッサンと会食をしても、時間はなかなか進まないが、かわいい女の子とのデートは一瞬で過ぎ去ってしまう。

長く感じる時間は、あなたにとってストレスの原因になると思ったほうがいいだろう。体感時間の長いものを人生から排除し、あっという間にすぎてしまうことばかりで、あなたのスケジュールを埋めよう。

もう1つは、ストレスを与えてくる人間を徹底的に避けることだ。

不快な人間がいたら、その人とは関係を絶ったほうがいい。その場で怒鳴りつけてもいいが、わざわざ軌道修正してやる義理はないから、あとはスッパリ〝切る〟のがいちばんだ。

嫌いな人間について、ダラダラと愚痴を言うのはやめよう。

それが「腐った残飯」だと気づいているのに、いつまでそんなものを大事に持っているつもりなんだ？

いますぐ投げ捨てればいいだけのことだ。

CHECK!

□ストレスの原因を大事に抱え込んでいないだろうか？

24

「経験」とは自分で足を踏み出した歩数

ストレスを抱えたまま動かないことが、いかにバカげたことかはわかっていただけたかと思う。

しかし、それでもまだ、なかなか一歩を踏み出せない人は、けっこう多いはずだ。

「わかっているのに、どうして動かない？」

そんなふうにぼくが直接聞いても、たいていの人は口ごもってしまうばかりで、いまひとつ答えに窮するようだ。

答えをはっきり言おう。

簡単だ、人が動くのを邪魔するのは「経験」である。

動き回る力を失っている人は、「経験」にまつわる課題を抱えている。といっても、それには2通りの意味がある。

第一に「経験が少なすぎること」だ。

「動こうにも不安で動けません」という人は少なくない。あたりまえだ。ある程度の見通しなんてものは、動くことでしか得られない。「これならいける」という手応えが湧き上がるのをじっと待っていても、それはムダというものだ。

世の中には経験も自信もないクセに、やたらと虚勢を張っている人間がいるが、そんなハッタリをかましても、いいことは何もない。

「健全な見通し」のスタート地点には、いつもまず「経験」がある。ようするに、やってみるかどうかがすべてなのだ。

動かないでいる人には、それを得るための機会がやってこない。

だから、いろいろと動かないためのエクスキューズをこしらえて、いつまで経ってもアクションを起こさない。だからやっぱり不安なまま……そんな悪循環が起きているのだ。

ぼくは何事にも自信満々であるように見られがちだが、実際には全然そんなことはない。「経験」がないことをやれば、当然いまだって、不安や緊張を覚えたりもする。

たとえば、ぼくは２０１０年12月に「クリスマスキャロル」というミュージカルの舞台に立った。しかも、あろうことか主演俳優として、である。われながら、なかななかの無謀っぷりだと思う。

かつて、経営者として大勢の社員や株主たちの前に立っても、1ミリたりとも緊張しなかったぼくだが、このときは人生初のミュージカルということもあって、開始直前にはさすがにドキドキしたのを覚えている。

しかし、それも初日までのことである。そこから先は一気に緊張がなくなった。

これが経験の力だ。うまくいったかどうかなんてどうでもいい。そこに飛び込んで問答無用で経験を重ねてしまえば、ぼくたちはしだいに不安を抱かなくなるようにできている。

人間の「慣れ」の力を舐めないほうがいい。

そもそも、あなたがいま、とんでもないストレスに満ちた生活に耐えられているのだって、慣れのおかげなのではないだろうか。

「それにしても、どうしてミュージカルなんてやったんですか？」

そんな質問をよくされるが、そんなことを聞いてどうするのだろう。

「なぜ?」とか「何のために?」なんてことばかりを考えているから、経験不足で動けなくなるのだ。ぼくだってそんな経緯はもう覚えていない。

それこそ、おいしそうな「果物」がたまたま目に入ったから、それに手を伸ばしたまでだ。「自分の人生にどんなメリットがあるか?」なんて考えなくていい。

「意味があるか」「うまくいくか」は、いったん意識の外に追いやろう。


CHECK!

□ まずやろう

25

報告会議は時間の「集団自殺」

「経験の少なさ」が動けない原因になっていることは、稀かもしれない。

むしろ、経験したことが多くなるほど、行動を起こせなくなるのが人間というものだろう。

うまくいったにしろ、失敗したにしろ、何か具体的な経験を積むと、人はそれを次の行動に生かそうとする。一見すると損するように見えても、じつはそのほうが得だというような「計算」が働くようになる。


たとえば、資料を読み上げるだけの会議。

いまだにたくさんの会社がこんなバカなことをやっているのは、決定権を持っている管理者に対して、「ちゃんと仕事をしていますよ！」とアピールしたり、「これについては報告しましたよ！」という事実をつくったりしたいだけなのだろう。

みんなで集まっていっせいに時間（＝人生）をドブに捨てる——いったい何がしたいのだろうかと思う。

ぼくに言わせれば、こんなものはただの「集団自殺」に等しい。

仕事だけではない。

日々のすべての決断において、このような「急がば回れ」の精神が蔓延している。

たとえば、ゴルフでもそうだ。

よく言われることだが、ゴルフというスポーツには、仕事も含めて、その人間の言動や意思決定の根本にある「本質」がはっきりと表れる。

いちばん典型的なのがパットだ。カップまであと5ヤード、このパットを入れればバーディ（規定打数よりも1打少なくカップイン）という局面を考えてみよう。

こういうとき、中途半端に経験を積んだアマチュアプレーヤーは、カップより手前で止まるような、弱いパットを打ってしまう。

なぜこうなるかといえば、あえてリスクを取るような強めのパットを打つよりも、いったんカップ手前まで寄せるパットをして、その次で沈めれば確実にパー（規定打数どおり）が取れるという「計算」が働くからだ。

だが、バーディのチャンスにパーを狙ってしまうような人は、絶対にバーディを取れない。**バーディを取るためには、手前で止まるような弱気のパットを打っていては**

いけない。思いきりよくいかないとダメだ。

当然、そうやって打ったボールが、カップを越えてしまうことはある。しかし、その「失敗」には大きな価値がある。その失敗によって、次にカップに戻るまでのライン（芝の目）が可視化されるからだ。

リスクを取らない人間は、この軌道修正のチャンスを手に入れることができない。

ゴルフなどただの遊びではないかと言われるかもしれないが、侮ってはいけない。

結局、一事が万事なのだ。

いちばんダメなのは、中途半端に経験から学んでいるやつだ。

そういう人は、いちばん救いようがない。

「小利口」は、過去の成功・失敗をもとに「これこれの理屈だから、あえてこうするべきだ」などという捻《ひね》くれたロジックを弄《ろう》する。

それにダマされた人たちが「勉強になりました！」などといって、また小利口になっていく。だからどんどん動けなくなり、時間貧乏になっていく。

いまの日本社会は、誰もがバーディを狙えるのに、小賢しくパーを打ちにいってい るようなものだ。それでちゃんとパーが入れられるならいいが、ボギー(規定打数より1打多い)やらダブルボギー(2打多い)ばかりを叩いているような状況である。

浅知恵が働く人間ほど、経験から学んでしまう。

だが、本当に賢明であろうとするなら、そんな経験を忘れるべきだ。何度でもカップオーバーすればいい。

バカになれる人間のところに、時間は集まってくる。

CHECK!

□ 昔やらかした「無謀な失敗」を思い出してみよう

26

「時間の換金グセ」をやめないと、一生あくせく働く

「もう少しお金に余裕があれば、自分がやりたいことに没頭できるんですが……」などと言っている人がいる。

お金がないから仕事時間を増やすしかない。働いている時間が長くなるから、どうしても自分のための時間が取れない、というわけだ。

ここからもわかるとおり、多くのビジネスパーソンにとって労働とは、「時間をお金に換える行為」になっている。だから、「お金さえあれば、労働（＝時間の切り売り）をしなくてよくなるはずだ」という発想になるのである。

「働き方改革」が論じられる際に、すぐに「残業時間をどう減らすか」といったことがテーマになる背景にも、労働＝就業時間という労働観があるのだろう。

しかし、働くとは「何かをじっと我慢すること」ではない。

本当は家でダラダラしていたいのに、がんばってオフィスに来て、一定の時間をおとなしく過ごした〝ご褒美〟としてお金がもらえているとでも思っているのだろうか。

なぜこうなるかと言えば、お金の本質がわかっていないからだ。

お金というのは単なるツールにすぎない。それなのに、お金そのものに価値があるかのように思い込んでいるから、貴重な時間をお金に換えてしまう。

2万円を「2万個のパチンコ玉」に換金するのはもったいないとわかる人でも、日給2万円のアルバイトには魅力を感じてしまう。

本当にあなたの1日には、現金2万円分の価値しかないのだろうか？「そうです」と答えてしまう人は、価値観がかなり歪んでいると思ったほうがいい。

お金の価値を高く見積もりすぎだ。

世界的に見ても、日本人はお金に目がない。

家計資産に占める「現金・預金」の比率で見ると、アメリカは13・1％、ユーロ圏で33・0％なのに対し、日本は先進国のなかでもダントツの1位（52・5％）だ（日本銀行「資金循環の日米欧比較」2018年より）。

また、日本でいつまでも電子マネーが普及しないのには本当にウンザリさせられるが、邪魔をしているのは、技術的な問題以前に、こういう「拝金主義」だろう。

国家レベルで「お金」に縛られて、会社も内部留保を貯め込み、個人も貯金ばかり……。その裏では、揃いも揃って1億人が、二束三文で「時間」を売り払っている。

だから社会全体に時間がない、忙しい――これが日本の現実だ。


本当に、どれだけみんなお金が好きなのだろうと呆れてしまう。

いまだにぼくのことを「カネの亡者」みたいに言う人がいるが、いったいどの口がほざいているのだと言いたい。ぼくはこれまで自分から貯金すらしたことがないというのに……。


お金は価値交換のための単なるツールだ。

なぜこんなツールが必要かと言えば、取引には「信用」が必要だからである。

交換の相手が信用に足る人物かを、いちいちコミュニケーションを取ってたしかめていては効率がよくない。その仲立ちをしてくれるのがお金だ。


お金とは、「信用」というあやふやな存在を、わかりやすく可視化するための道具にすぎない。

大切なのは信用だ。会社で1カ月、杓子定規に仕事して得られる信用など、たかが知れているから、それによって得られる月給も大した金額にはならない。

締め切りや待ち合わせの時間に遅れないという信用、誠実に振る舞い、他人の時間をムダにしないという信用、周囲を待たせることなく即断即決し、すばやく結果を出してくれるという信用……。

貯めるべきはお金ではない。

あなたがきちんと信用を積み重ねていけば、わざわざ時間を切り売りしなくても、お金は勝手に集まってくる。

CHECK!

□あなたの「時給」は5年前からいくら増えているか

27

悪口・ゴシップは時間を食い荒らすドラッグだ

「あまりに忙しくて、『動き回るぞ！』という気になれない」という人もいるだろう。だが、「忙しいせいで、動くための時間がない」というのは誤解だ。

そんな忙しさは単なる思い込みだし、そもそも「忙しい」と「熱中できない」のあいだには関係がない。

実態はむしろ逆で、心から熱中できる対象を持っていないからこそ、そのダブついた時間を「忙しいフリ」をして埋めているのである。

言ってしまえば、そういう人は「暇」なのだ。

なぜそうなるかと言えば、そのほうがラクだからだ。

スケジュールを他人時間でいっぱいにして、「ああ、忙しい忙しい」と不満を垂れていれば、自分の人生の空虚さを忘れていられる。そうしないと心がもたないのだ。

「暇」と言えば、休日に何もやることがない状態を思い浮かべる人もいるかもしれないが、ここでぼくが言っているのは「忙しさで偽装された暇」とでも呼ぶべきものだ。

この種の暇はいろいろと厄介だ。

まず、自分がそういう状態に陥っていることになかなか気づけない。目の前にはやることがたくさんあるから、忙しく仕事をしているような気分になっている。しかし内面的にはとてつもなく退屈をしており、胸のうちでは心がカラカラと〝空転〟しているのである。

こういう空回り状態が続くと、心は無理やりに「燃料」を求めて動こうとする。言ってみれば、心が「エネルギーのムダ遣い」をしたがるのである。

典型的なのは、他人からの評価を過剰に気にしたり、悪口やゴシップに熱狂したりするようなパターンだ。

頭のなかに架空の他人をつくりあげて、「ひょっとすると、あの人はこう思っているのではないか……」とか「きっとこいつは、陰であんなことをしているに違いない！」などと、くだらない妄想を膨らませてしまう——よくあるパターンだ。この状態が続くと、心はどんどん消耗し、さらに貧しくなっていく。

みんな他人のことを気にしすぎだ。

この原因は「暇すぎる」ということに尽きると思う。

心の底から退屈しきっているからこそ、他人の不倫やら失言やらを報じる下品な芸能ニュースに反応し、それらを消費しているのだ。

冷静に考えてほしい。

他人のプライベートを詮索して喜ぶなんて、こんなにみっともないことはない。もっとたのしいことが世の中にはたくさんある。

心のエネルギーを他人事に振り向けて浪費するのは、本当にバカげている。

しかも、他人のことばかりに首を突っ込むクセは、巡り巡って自分の首を絞めることになる。

人の悪口・ゴシップが好きな人間は、古い慣習とか世間体なんかにもとらわれがちだ。「これをやったら陰口を言われるかも……」「バカにされたらどうしよう……」――そんなふうに他人の目が気になって、身動きが取れなくなっていく。

それもこれも、元はと言えば、本当は暇なくせに忙しいフリをして、他人時間ばかりを過ごしているからだ。

「つまらないこと」で人生を埋め尽くしているから、他人のちょっとした振る舞いを見て、疑心暗鬼になったり、イチャモンをつけたくなったりする。

あなたは人のことばかりを考えて、心の空回りを止めようと必死になっているかもしれないが、おそらく相手はあなたのことを1ミリも気にかけていない。

そんなことにいつまでも心のエネルギーを浪費しているなんて、あまりにも虚しすぎる。いますぐやめたほうがいい。

「架空の他人」を頭から追い払い、無心になって没頭できることを見つけよう。

CHECK!

□ネットの炎上やワイドショーに費やした時間を計算してみよう

28

自分が気持ちよくなるルールをつくれ

人が行動を起こせなくなる原因にいくつか触れてきたが、何かにどっぷりと熱中していれば、これらはすべて一発で解決する。

そこでこの章の最後に「熱中できるものを見つけるコツ」を2つほどお伝えしよう。

1つめは「目に入った順に片づける」ということだ。

人生という「川」を下っていくうえで大切なのは、とにかく出合う「果物」の数を増やすことだ。おいしい「果物」が流れてくるかどうかは運しだいであり、コントロールできない。

あなたに変えられるのは、出合いの回数そのものを増やすことだ。そこで有効なのが、「選り好みしないで、流れついてきた順に手を伸ばしてみる」という方法である。

物事を効率よく処理するためには、いきなり手をつけるのではなく、まず優先順位を考える――この仕事術についてはすでに解説したが、なんでもかんでも順序をつけていればいいわけではない。

たとえば、メールの受信ボックスに10件の依頼が来ているなら、何も考えず上から順に片づけていくだけだ。たいていの用件は、せいぜい1分あれば返信には十分だ。ぼくは絶対に「あとで返信しよう」などという先送りはしない。ひとたび受信箱を開けたら、片っぱしからすべてに返信していく。

もちろん、原稿を確認するというような、一定の時間がかかるタスクもあるが、そういう依頼に対しては、「OK」とか「了解」とだけ返信すればいい。

世の中には、平気で1日とか1週間とか、何も返信をせずにメールを放置する人がいるが、ぼくには信じられない。**「いま処理できることは、いま処理する」――これを基本にすれば、あなたの信用も上がっていく。**

それを続けて、膨大な数の仕事や物事に触り続けていれば、そのうち、「これは!」というものが向こうからやってくる。選り好みをしても何もいいことはないのだ。

2つめのコツは、「自分でルールを考える」ことである。

日本人は他人のつくったルールに乗っかるのは得意だが、合理的に考えて自分なりのルールをつくるのは苦手だ。

ぼくは逮捕されてから裁判の期間中に、日本の司法制度について徹底的に調べたことがあるが、その歴史的経緯にしろ、司法と行政の癒着にしろ、じつはきわめていい加減なものであることに驚かされた。

「ルールの親玉」である司法制度があの体たらくなのだから、そのほかのルールは推して知るべしだろう。

しかし、自分でルールを考えてみることは、たのしむうえでも重要だ。

自分の頭でルールや仕組みを考えたものに対して、人間はのめり込みやすいからだ。起業などはその典型だが、やはり自分でつくった会社には愛着が湧くし、そこで仕事をするのはたのしい。

逆に、他人がつくったゲームのうえで動いているかぎり、心底からハマるのはけっこう難しいのではないかと思う。

ルールづくりのヒントは、日常や惰性のなかに隠れている。

とくに大事にしたほうがいいのが、「めんどくさい」とか「うっとうしい」といった感情だ。「この店、どうして電子マネー対応じゃないんだ。面倒だな……」「この商品は、包装が過剰でうっとうしいな……」こういう感じを抱いたら、その解決手段を考えてみよう。

どういうルールにすれば、それらの「めんどくさい」「うっとうしい」を解消できるのか？ そういうことをつねに考える習慣をつくってしまうのである。

そうやって自分なりのルールを考えてみる。「これならうまくいく！」というルールが見つかれば、あなたはもうそれに半分くらいはハマりはじめているはずだ。

CHECK!

□受信箱に放置している重要メールはないか

chapter

5

「健康」こそが最大の時間投資である

—29—

病気を防がないから人生の持ち時間が減ってしまう

ここまで読んでいただければ、あらためて言うまでもないことだが、ぼくの基本スタンスはかなりシンプルな快楽主義だ。

おいしいものを食べて、おいしいお酒を飲んで、たのしいことに熱中して過ごせれば、あとの細かいことは気にしなくてもいい。

できるかぎり、自分の人生を「心地いい時間」で満たしていければ、それでいいと思っている。


しかし、本気で心地のよさを追求するのなら、同時に「不快を避ける」ことも考えるべきだろう。

ようするに〝攻め〟だけではなく〝守り〟も徹底する必要があるのだ。

街中でいきなり声をかけてくる人だとか、ツイッターでアホらしいリプライを送ってくる人のように、どうしても避けられない不快というものは存在する。こういう人間たちは、無視するなり怒鳴るなりして、その都度その都度追い返すしかない。

他方で、こちらがしっかり対応すれば、かなりの確率で避けられる不快もある。

それは「病気」だ。

そこでぼくが興味を持ったのが、「予防医療」という分野である。

医療はいま、最もイノベーティブな領域の1つだ。

昔なら治療が難しかった病気なんかも、先端医療の最新技術を使えば、けっこう簡単に治せてしまう。

しかし、「時間を増やす」という観点で言えば、そもそも病気にならないのがいちばんいい。

完璧な予防は無理にしても、早めに手を打てるに越したことはない。

しかもいまは、インターネットやSNSを使えば、病気を予防するために必要な情報も得やすくなっている。

また、スマートフォンやウェアラブル端末も登場し、人間の健康状態をつねに測定できるような環境が整いつつある。

正しい知識さえあれば、けっこう簡単に病気を予防できる環境は整っているのだ。

たとえば、2017年には37万人以上の日本人ががんで亡くなっているが、部位別に見ると、最も多いのは肺がん、次に多いのが大腸がんである。

とくに大腸がんの件数は、最近増えているのだという。

大腸がんにはさまざまで複合的な要因があるが、じつは早期発見された場合の5年生存率は、いまや90%以上にまで達している。早めに発見できれば、最も治療が見込めるがんだと言ってもいいだろう。

大腸がんの早期発見に有効なのが、「便潜血検査」だ。

これは一般的な人間ドックなどのメニューにも組み込まれているし、ぼくが仲間たちと一緒につくった「予防医療普及協会」のサイトでも、検査キットを購入できるようになっている。

大腸がんのほかにも、予防が可能な病気はある。

たとえば、子宮頸がんは78人に1人の女性が罹《かか》ると言われているが、HPVワクチンの接種と定期的な子宮頸がん検診で、子宮頸がんのリスクをかぎりなくゼロに近づけられるそうだ。

それにもかかわらず、日本人のHPVワクチン接種率は世界中でダントツに低く、1%未満に留まっている。

また、胃がんの原因の99%は、ピロリ菌という細菌が関与していることがわかっている。だから、ピロリ菌除菌をしさえすれば、胃がんになる確率は低くなるのだ。

さらにおすすめなのが、3カ月に1回程度のペースで歯科検診や歯石除去を受けることだ。これだけで、おおよその歯周病は防ぐことができるからだ。

歯周病のある人は心筋梗塞、脳梗塞を発症する可能性が高くなることがわかっている。

口臭を抑えるだけでなく、長期的に考えてもQOLを維持するために必要である。

これらは決してあなただけの問題ではない。家族やパートナーが病気になれば、結果的にあなたの自分時間も激減することになるからだ。

予防法がわかっているのに、具体策を講じないのはおかしい。

超過密スケジュールのぼくですら、毎年1回は人間ドックを受診している。

「忙しい」は言い訳にならない。

CHECK!

□「健康」は時間術のベースであることに気づこう

—30—

「食べてはいけない」に踊らされてはいけない

防げる病気をしっかりと予防することは、「自分時間」を確保するうえで不可欠だ。

他方で、健康に気を遣いすぎるあまり、かえってそれがストレスになるようなことがあってはいけない。身体の健康ばかりに気を取られて、心の健康が損なわれてしまっては本末転倒だ。


予防医療普及協会が「胃がん」「大腸がん」「子宮頸がん」などの予防知識啓発に力を入れているのは、これらの病気で亡くなる人の多さに対して、それを予防する手段が比較的シンプルで手軽だからである。

簡単に予防できることが科学的にわかっているのに、世の中に知識が行き渡っていないばっかりに、これらの病気で亡くなってしまう――そんな不条理がぼくには許せない。だからこそ、この活動に力を入れたいと感じたのだ。


しかしこれは、「健康上のあらゆるリスクを心配しながら生きろ」という話とは、まったくの別物である。

軽微なリスクにビクつきながら、根拠や効果のはっきりしないあやしい健康法に飛びついている人たちとは同じにしないでほしい。

世の中には、健康に異常な関心を示す人が一定数いる。

彼らは、何事に対しても「身体にいいか」ばかりを気にし、あやしい健康情報を鵜呑みにする傾向がある。

いちばん典型的で罪深いのは、「放射能」を気にしすぎる人たちだ。

原発事故があって以来、放射能による健康被害については、さまざまなデマが流されてきた。こういう情報に翻弄されて、ヒステリックなまでに健康に不安を抱き、さらにデマを拡散してしまっている人たちを見ると、情けないような気持ちになる。

メディアはメディアで、危機感を煽るような記事のほうがＰＶや部数が稼げるから、多少得体の知れないところがあろうと、平気でそういう情報を流してきたのだろう。

心配しても仕方がないことに怯《おび》えて、あやしい情報に振り回されている人が、なんと多いことだろう。しなくてもいい我慢をして、ストレスを溜め込んでいれば、かえって身体にも悪影響が出たりするかもしれない。

とくに食事絡みでは、あやしい健康至上主義者がたくさんいる。

ぼくが焼肉の写真をインスタグラムにアップすると、「肉だけじゃなく、野菜も食べたほうがいい」などと忠告してくる人がいる。

これ以外にも「グルテンフリー（グルテンを含まない食事）がおすすめ」だの「化学調味料は避けろ」だのと本当にうるさくて仕方がない。

こういう人たちにはうんざりだ。なぜ自分の食事習慣を、他人に押しつけようとするのだろうか。

ちなみに、カリフォルニア大学ロサンゼルス校の医学部で助教授をされている津川友介さんに聞いたところ、「グルテン不耐性以外の人にもグルテンフリーが健康にいい」とか「化学調味料は身体に悪い」とかいった俗説には、何も科学的根拠が確認されていないらしい。

たとえば、「白い（精製された）炭水化物は身体に悪い」というのは、科学的エビデンス込みでわかっている事実だ。

しかし、だからといって、金輪際、白米をいっさい食べずに我慢するというのはバカげている。ぼくはなるべく白米を食べないようにはしているが、土鍋で炊いた白く輝くご飯をお店で出されれば、それも喜んでたいらげる。


幸せには健康が欠かせないが、食事だって人間の幸せに直結する営みだ。

だから結局、すべては程度問題なのだ。

いちばんよくないのは、「健康によくない＝食べてはいけない」という短絡的な思考に陥ってしまうことだ。

いい加減な情報に流されるのではなく、正しい知識を得たうえで、健康と幸福を天秤にかけ、何をどれくらい食べるのかを自分で選んでいけば、それでいいと思う。


CHECK!

□「心配」も健康に悪いと気づこう

31

最低限の食事リテラシーを。あとは自分の感覚

食事のこととなると、「自分の正義」を他人に押しつける人が多くて困る。

さっき書いたばかりだが、ヴィーガン（菜食主義）を気取っている連中が多いインスタグラムでは、焼肉の写真を上げると、「肉の摂り過ぎは身体によくないですよ」などというクソリプが飛んでくる。放っておいてくれ！　ぼくは野菜もかなり食べるし、子どもの頃なんかは祖父がつくった野菜が大好きで、そればかり食べていたくらいだ。

また、ぼくはホテル暮らしをしているので、ふだんの食事は100％外食である。すると、必ず〝自炊原理主義〟みたいな人が湧いてきて、「外食ばかりは身体によくない。自炊もしたほうがいいですよ」などと訳知り顔で言ってきたりもする。

しかし、本当にそうだろうか？

栄養学の知識があるわけでもない素人が、スーパーで買った食材でつくる食事のほうが健康にいいとは思えない。

コンビニ飯やファストフードならまだしも、ぼくがふだんの食事を摂っているのは、素材や調味料にもこだわっているお店ばかりだ。下手な自炊よりよっぽど身体にいいし、満足度も高い。

決して「高級なものを食べろ」と言いたいわけではない。

グルテンフリーにしろ、化学調味料にしろ、ヴィーガンにしろ、自炊にしろ、とにかく食事に関しては、素性のよくわからない思い込みが根強く広がっている。

しかも、まことしやかな詭弁で、それを人に押しつけるということが横行している。こんなものに貴重な時間を奪われてほしくないのだ。

百歩譲って、効果のない方法を勝手に信じて、個人が勝手にストレスを溜め込むだけならまだいい。

しかし、大勢の人を巻き込む自然信仰みたいなものについては、ぼくはこれからも徹底的に戦っていく。

これらは、誤った知識やデマを広めることで、人々の人生を奪っているからだ。

以前、ぼくがピロリ菌除菌の啓蒙活動をはじめた際にも、ツイッターで「そんなことをしなくても、私はヨーグルトを食べているので、ピロリ菌の心配はありません」というリプライが飛んできて、思わずのけぞったことがある。

ヨーグルトでピロリ菌を死滅させられると思っているのだ。恐るべきリテラシーのなさである。やはり食事に関しては、最低限の知識は必要だろう。

その一方で、すべての食事を〝科学的に証明されたもの〟に限定する必要はないと思う。科学だってつねに発展の途上にあるのだから、気にしすぎもよくない。

たとえば、和牛好きのぼくには信じ難い話だが、現時点では「赤身肉は健康に悪い」というのが定説らしい。

しかし今後、より詳しい検証が進めば、違う結論が出るかもしれない。あくまでもぼくの体感値だが、「A5等級のBMS12」という最高ランクの牛肉であっても、育ちや飼料の違いによって、うま味が感じられなかったり、食べたあとに胸焼けを起こしたりすることもある。

肉質ごとにもっと細かくデータをとって比較研究を行えば、「〝粗悪な〟赤身肉は健康に悪い」という結論に修正される可能性もあるだろう。

いずれにしろ食事は、動物としての本能的な喜びにダイレクトにつながっている営

みだ。最後は、他人の意見でも、科学的根拠でもなく、自分の感覚を頼りにするのがいちばんだろう。

だからぼくは、最終的には「おいしいもの＝身体にいいもの」だと信じるようにしている。

CHECK!

□食事を気にしすぎるのもストレスになると気づこう

32

睡眠時間を削るのは寿命の「前借り」

いつも「とにかく動き続けろ」と言っているせいだと思うが、「堀江さんっていつ眠るんですか？　寝ていないいんですか？」などと言われることがある。

誤解しないでほしいが、ぼくはかなりしっかりと眠るようにしているほうだ。

つい、たのしいことが続いて、睡眠時間が5～6時間になってしまうこともあるが、平均して7～8時間くらいは眠るようにしている。

理由は簡単。

ちゃんと眠らないと、翌日のパフォーマンスが下がることを知っているからだ。

ぼくの場合、睡眠時間が5時間をきると、次の日はまず使いものにならない。頭がぼーっとして情報を処理するスピードが落ちたり、いつもならパッと決断できることに時間を取られてしまったりする。

睡眠時には、脳脊髄液という「洗浄液」が分泌され、アミロイドβタンパク質という老廃物を洗い流してくれているそうだ。つまり、実際に睡眠不足は脳によくない。

また、睡眠不足は脳だけでなく、身体にも悪影響を及ぼす。

まずぼくの場合、まともに寝ない日が続くと、体重が増えて全身が重たくなってくる。睡眠中は汗をかくから、脂肪も燃焼されているのだろう。だから、たっぷりと眠りを確保できる日が続くと、1週間ちょっとで2、3キロくらい落ちることもある。

また、寝不足だと風邪をひくことも多くなる。少しでも風邪っぽいなと感じたら、すぐにしっかりと眠る。そうすれば、悪化させずに治すことができる。

ようするに、睡眠は「時間を増やす」うえでは、きわめて重要なのだ。

勉強にしろ、仕事にしろ、「睡眠時間を削ってがんばる」という解決策は、いつだって悪手である。

「時間がない、時間がない」と言っている人ほど、1時間長く起きてがんばろうとする。そんなことをするくらいなら、1時間早く寝て、翌日にその倍のスピードで仕事を終わらせたほうが、手持ち時間は多くなる。

人に与えられている時間が平等だとまでは言わないが、眠りを削って生きている人というのは、未来の時間を〝前借り〟し、人生を〝先食い〟しているにすぎない。

「徹夜で資料を仕上げました」

「ショートスリーパーなので2時間寝れば十分です」

そんなことを誇らしげに言う人がいるが、すごいともうらやましいとも思わない。

すでに述べたが、人間の欲望は、1日サイクルでリセットされるようにできている。

睡眠の欲求は、その基礎とも言うべきものだ。

翌朝から「すべてがリセットされた状態」で軽やかに動きはじめるためには、よりよい睡眠が欠かせない。

眠ることは、あなたの人生を充実させるうえでの、最重要事項だと言ってもいい。

その際、ぼくが気をつけているのはただ1つ、「仕事を持ち越さないこと」である。

「膨大な仕事を抱えているので、夜になっても仕事が終わらない」という人も多いだろう。そんなとき、「残りは明日にやればいい」という考えは、おすすめしない。

ぼくはつねに「その日の仕事はその日のうちに終わらせる」ことを心がけてきた。

一度手をつけたなら、その仕事は必ずその日のうちに処理する。

残された時間内でベストを尽くし、「終わらせる」ことを最優先にするのだ。「残された時間内で」という点を忘れてはいけない。十分な睡眠のための時間は確保するのが大前提である。

頭のなかに「その日の仕事」を積み残したままベッドに入るのは、精神衛生上よくない。すべてを完了させ、頭をまっさらにしてこそ、全力で深い眠りに落ちることができるのだ。

CHECK!

□その日の仕事を完了させ、たっぷり寝よう

33

ウソがいちばんの
ストレス源。
つねに本音で
生きよう

神経質なまでに健康を気にして食事をセーブするくらいなら、現代人は「心の健康」のことをもっと考えるべきだとぼくは思う。

といっても、うつとかメンタルヘルスとかいった本格的な医療以前の、ストレスケアのレベルの話だ。

ストレスは万病のもとになり得る。

実際、ストレスが免疫系の働きを低下させるというデータもあるし、人間の老化にも深く関わることがわかっている。

大きなストレスを抱えて生きている人は、実年齢に比べても老けていることが多いし、どこかくたびれているように見える。

また、集中力やパフォーマンスに対しても、ストレスが悪影響を及ぼすのは、言わずもがなだろう。

ようするに、ストレスを放置すればするほど、人生で自由に使える時間は減っていく。そう、ストレスは「時間の大敵」なのだ。

不思議なのは、「身体の健康」に関しては世の中の関心も高いのに、「どうやって心を健康に保つか」ということについては、意外とみんな無頓着で、それぞれが我流で適当に対処（あるいは放置）しているということだ。

みんな、「ストレスを我慢すること」に熟練しすぎている。満員電車などその最たるものだろう。

ふだんから言いたいことを言い、食べたいものを食べ、寝たいだけ寝るようにしているので、ぼくはストレスがまったく溜まらない。

イヤな人間や状況に出くわすこともあるが、あまりにも不愉快なときはその場で発散するようにしている。

「自分時間」を生きたいのならば、極力、ウソをつかないほうがいい。

ウソをつくということは、相手の信じる現実にこちらが迎合する行為だから、ウソをつけばつくほど、その人は「他人時間」を生きなければいけなくなる。

日々の自分を振り返ってみてほしい。

心の底ではくだらないと思っているアイデアに対して、つい「へえ、それはいいアイデアですね」などと言っていないだろうか？

本当は1ミリも納得していないのに、「なるほど。了解しました」と返事をしたりしていないだろうか？

余計なお世話だと感じているのに、「お心遣い、ありがとうございます！」などと頭を下げていないだろうか？

これだって立派なウソだ。

本音を隠すたびに、あなたの人生は、どんどん「他人時間」で埋め尽くされていく。他人の都合に合わせた人生になっていく。

いまから13年前、ライブドア事件の容疑者として東京拘置所の独房に入れられたときですら、ぼくはウソをつかなかった。

こういうときは、検察サイドがつくりあげた明確な「ストーリー」が用意されており、容疑者がそれをすっかり飲み込むまでは、執拗に取り調べが続けられる。

しかし、彼らがこしらえた「筋書き」は、ぼくが知っている事実とはまったく違っていたし、そもそものロジックが破綻していた。

ウソをついてまでそれを認めても、何かメリットがあるようには思えなかったし、そもそもぼくは、自分の気持ちにウソをつくことに我慢がならない。だから、最後まで本音だけを語り、容疑を否認し続けることになった。


別に、「何があっても、絶対にウソをつくな」と言っているわけではない。「ウソも方便」という場面はあるかもしれない。

しかし、少なくとも「自分に対するウソ」だけはつかないほうがいい。

ストレスを溜め込みながら、本心に逆らって生きることに慣れてはいけない。自分の本音がどこにあるかすらわからなくなる前に、やりたいことをやって、言いたいことを言おう。


CHECK!

□自分のウソに自分が毒されないようにしよう

34

ネガティブなことを考える前に動け

ストレスを減らすためには「ストレスがどこからやってくるか」を知っておくことだ。結論から言ってしまえば、ストレスの99%は「過去」か「未来」に由来したものである。

たとえば、「明日のプレゼンでうまく話せるだろうか……」とか「このプロジェクトがうまくいかなかったらどうしよう……」というように、未来のことを心配する場合。

あるいは、「昨日、お客様の前でどうしてあんなことを言ってしまったのか……」とか「あんな仕事を受けなければよかった……」などと、過去のことを後悔する場合。

こうやって、過去を思い出したり、未来を不安に思ったりすることで、人の心は大きなストレスを感じる。

逆に、プレゼンしたり、プロジェクトに熱中したりしているまさにその瞬間には、人間はそれほどストレスを感じない。「現在」のなかには、大したストレスは存在していないのである。

人間の脳みそは、目の前にありもしない過去を再現したり、未来をシミュレーションしたりして、「わざわざイヤな感情を水増しする」という厄介なクセを持っている。

だとすれば、取るべき対策もシンプルだ。


まず、「過去」については、なるべくその場で感情の整理をつけることだ。

たとえマイナス感情を先送りしても、それはいずれ、より大きなストレスとなって戻ってくる。しかも、感情の〝反芻〟によってぶり返した怒り・モヤモヤは、強化されていることが多い。


先日、飛行機の座席に座っていたら、中年女性がいきなりぼくの手を握ってきたことがある。彼女はぼくのファンで、握手のつもりだったらしいが、ぼくは「あなた、気持ちが悪いですよ」とはっきり言った。たとえ若いきれいな女の子だったとしても、不意に手をつかまれれば気持ちが悪い。そんなのはあたりまえだ。

たいていの人は「ファンなんです」などと言われれば、その場ではグッと耐えてしまうところだろう。

だが、ぼくは自分が不快に思ったのなら、それを相手にしっかりと意思表示する。

そこで泣き寝入りをしても、どうせあとでもっとイヤな気分になるのは目に見えているからだ。

他方、「不安」への対策は、「先のことを考えないようにする」というのが基本だ。避けられないイヤなイベントが、数日後に待ち受けているのであれば、そのことは思考の外に追いやってしまえばいい。

わざわざ心配しても、当日のストレスが減るわけではない。わざわざイヤな気分を〝先取り〟しても、何もいいことがないのだ。

事件の裁判が続いていた頃、いつもぼくがあっけらかんとしているのを見て、まわりの人たちはずいぶんと驚いていた。

たしかにぼくのメンタルが強いのもあるかもしれない。

しかし、当時のぼくは「翌日の裁判」とか「裁判後の未来」とかについて、何も考えないようにしていた。

ただでさえ面倒が多いのに、クヨクヨと未来のことを思い悩んで、不愉快な感情を増幅するのは、バカらしかったからだ。

では、過去や未来について考えないようにするには、どうすればいいのか？ これも答えは簡単だ。

極限まで予定を詰め込んで、忙しくするのである。

あなたの意識が過去・未来のほうに彷徨《さまよ》い出てしまうのは、あなたの現在がスカスカで中身がないからだ。脳が「暇」をしているから、記憶や不安で意識を満たそうとしてしまうのである。

暇はやはり悪だ。

ムダなことを考える余裕がなくなるくらい、自分時間で予定をいっぱいにし、目の前のことに熱中し続けられる人生をつくればいい。

CHECK!

□「今」を生きればストレスはなくなる

―35―

「人の気持ちがわかる」なんて思わないほうがいい

飛行機でいきなり手を握ってきたおばちゃんのことをツイートしたら、「彼女はきっと、堀江さんの『本音で生きる』を実践したのでは？」というリプライがあった。

これはひどい誤解だ。

「本音で生きる＝自分本位に生きる」ということは、他人の迷惑を顧みずに、まわりから時間を奪うこととイコールではない。

誰にでも「自分の時間」を生きる権利はあるが、「他人の時間」を奪う権利はない。

そのラインを踏み越えてくる人間とは、徹底的に戦うか、完全に無視するかのどちらかしかない。

かといってぼくは、「相手の気持ちを考えてから行動しろ」と推奨したりもしない。

ぼくは昔から「堀江は人の気持ちがわからないやつだ」とよく言われた。

だが、そもそも人の気持ちなんてわかるものだろうか？　むしろ、「私は人の気持ちがわかります」と公言できるような輩に、ろくな人間はいないように思う。

「人の気持ちがわかる」なんて大きな驕りなのだ。

もちろん、表情や仕草・言動から、「この人はいま、こう思っているのでは？」と想像するのは個人の自由だ。しかし、勝手にそれを信じ込んで突っ走る人物には、本当に迷惑する。

想像上ででっち上げた「人の気持ち」を基準に、行動を決める――いわゆる「忖《そん》度《たく》」ほど危険なものはないのである。

ぼくにだって、人のやさしさや配慮が身に沁みた経験はたくさんある。

事件で拘置所にいたとき、マスコミからボコボコに叩かれていたぼくのところに、ライブドアの社員たちが「寄せ書き」を持ってきてくれたことがあった。

そのなかには、それまでずいぶんと厳しい注文をつけたり、人前で罵倒したりしてきた社員の名前もあったが、彼らの「がんばってください」「信じています」という手書き文字を見た瞬間、涙が止まらなくなった。

また、ぼくにとって「動き回る」のを制限される拘置所という空間は、地獄そのものだった。何もせずにじっとしていると、頭がおかしくなりそうになる。

なかなか眠れずに、悶々として寝返りを打っていたある夜、一人の刑務官がぼくの独房の外までやってきて、「大丈夫？　ぼくでよければ話し相手になるよ」と扉越しに声をかけてくれたことがあった。彼の言葉にどれだけ救われたことか……。


たしかに世の中には、人の気持ちを読み取って行動に移せる人がいる。

しかしぼくは、それと同じくらいたくさん人に裏切られたり、ダマされたりしてきた。ぼく以上に人の気持ちがわからない人間がたくさんいるのも知っている。

それなら、人は「自分の幸せ」のことしか考えられないと思っておいたほうがいい。他人がどんな思いをしているのかなんて、本質的には知りようがないのだ。


いまだにぼくも、よくわからないことで人を怒らせてしまったり、人の行動がまったく理解できなかったりする。たぶん知らないうちに、たくさんの人をイヤな気分にさせてもいるのだろう。

だから、人の感情なんて不たしかなものを基準に行動を決めるのは、やめたほうがいい。あくまでも基準にするべきは「時間」だ。あなたのアクションによって、他人の時間が減らないなら、何も気にすることはない。やりたいようにやればいい。

ぼくが反ワクチン主義者だとか、なんちゃってヴィーガンたちをぶっ叩いて、「予防医療」を普及させようとしているのは、それがみんなの時間（＝人生）を増やすことにつながると確信しているからだ。

たとえ一部の人の感情を逆なですることになっても、それが結果的に人々の「時間」を増やすなら、かまう必要なんてない。「自分の時間」を全力で生きればいいのだ。

CHECK!

□他人に「お節介」する暇があるなら、「自分の時間」を生きよう

36

ぼくは「不老不死」を本気で考えている

インターネットビジネスの世界以外で、ぼくを魅了してきた分野をあげるとすれば、おそらく「宇宙」と「ライフサイエンス」ということになる。

宇宙旅行のビジネスについては、若い頃からずっと考え続けている。

何度もロケット打ち上げにトライしているのも、人類に残された最大のフロンティアの1つは、宇宙だという確信があるからだ。

「宇宙旅行なんて無理だ」なんて言う人はいまだにいるが、長いスパンで見れば、ぼくらの頭で発想できることは、たいていが実現すると思っておいたほうがいい。

100年前には「世界中の人が手元の小さな機械で、リアルタイム映像をたのしむようになる」なんて話を信じる人は少なかっただろう。

しかし、その程度のことは、どんどん実現していってしまうのが、この世界の基本設計だ。

「100年スパン？　ホリエモンはいったい何歳まで生きるつもりなんだ？」と思われるかもしれないが、まさにそれと関係するのが、ライフサイエンスの分野、とくに不老不死だ。

正直なところ、ぼくは「100歳までは生きられればそれでいい」というぬるい考えはいっさい持っていない。

なんなら「不老不死」になりたいと本気で思っている。

これは決して荒唐無稽な願望ではない。

少し前には、グーグルが老化研究のベンチャーを立ち上げたことが話題になった。フェイスブックのザッカーバーグ夫妻も、長寿に関する研究に賞金を用意したりしているし、ペイパル創業者で起業家のピーター・ティールなどは、人体の冷凍保存技術に多額の投資をしたという。

そう、いま世界では、不老不死の研究に莫大なマネーが流れ込んでいるのだ。

研究者のなかには「人間を1000歳まで生きられるようにする」などと豪語する者もいる。こういうビジョンをバカにする人もいるが、果たしてどうだろうか。

アメリカのネバダ州で発見されたイガゴヨウマツのような4000年生きられる植物がいるのに、動物が4000年生きられないという理屈はない。「世界一周なんてできない」「空なんて飛べない」「遠く離れた人とは会話できない」といった常識だって、ことごとく破壊されてきた。「人間は年老いて、いつかは死ぬものだ」――それが通用しなくなる時代がやってきても何もおかしくない。

こういう話をすると、「1000年も生きたくない」とか「そんな長寿社会がやってきたら、人類は不幸になる」とかいったくだらない意見が飛んでくる。死にたい人は、頃合いのいいところで自由に死ねばいいし、「長寿社会＝ディストピア」という発想もあまりに短絡的だ。好きなだけ生き続けられて、いつでも若返りが可能になれば、人口減少や少子高齢化といった問題は、根本から解消することになる。

ようするに、不老不死研究が描く未来に対して、ネガティブな面にしか目を向けられない人というのは、決して確固たるロジックがあるわけではないのだ。

彼らは、ただ「自分の世界」を守ろうとしているにすぎない。ぼくはその価値観まで否定するつもりはない。だから、こちらにも踏み入ってこないでくれと思う。

「人生でいちばん大切なものは時間だ」「たのしいことに熱中できる『自分時間』をいつまでも過ごしたい」と語るとき、ぼくがどれくらいの「熱量」を込めているかを、わかっていただけただろうか。

ぼくはもっと時間がほしい。

いまのところ、ぼくには死ぬつもりはない。

不死を全員に強いるつもりはないが、いま以上の長寿時代は、まず間違いなくやってくるだろう。

そこで手にした膨大な時間を、あなたはまたもや他人に明け渡してしまうのだろうか？　それではあまりにもったいないと思う。

CHECK!

□寿命が1000歳になったら明日から何をするか

chapter

6

「将来を心配する」という究極のムダ

—37—

ずっと「死への恐怖」にとらわれて生きてきた

6歳か7歳くらいの頃だったと思う。

学校から帰る途中にパニックのような状態になったことがある。

「ぼくはいつか死ぬ！」――その事実だけで頭がいっぱいになり、たまらず道路にうずくまった。死ぬということが怖くて仕方なくなり、心臓がバクバクと鳴っているのがわかった。


それより少し前に、ぼくは曾祖父の死を経験していた。

曾祖父についていつも思い出すのは、小さなぼくをおんぶしてくれていたことだ。棺桶に収められて、たくさんの花に囲まれている姿が、いまでも目に焼きついている。

その当時はいまひとつよくわかっていなかったが、それからしばらくした小1の秋に、突然ぼくは、「死」という得体の知れないものが、自分にも関係すると悟ったのだ。

このときの鮮烈な恐怖の感情は、思いのほか後を引いた。

教室で授業を聞いているときとか、食事をとっているとき、お風呂に入っているとき、布団に入って電気を消したとき、油断をすると「死ぬのが怖い！」という感情に襲われた。

20歳を過ぎるあたりくらいまで、ぼくはたびたび死について考えては、半ばパニックになるようなことを繰り返していたように思う。

ぼくはふだんから思ったことは誰彼かまわずはっきり言うようにしているし、先ほども「死ぬつもりはない」とか「不老不死を目指している」などと書いたばかりなので、ぼくに対して「何事も悟りきった超然たる人物」というイメージを持っている人も多いかもしれない。

しかし、実際にはそんなことはない。

おそらくぼくはいまでも、死ぬことがとてつもなくイヤなのだ。

誰よりも死ぬのが怖いのだ。

「おそらく」と書いたのは、いまのぼくは、死について考える暇がないくらい、自分の時間を「たのしいこと」で埋め尽くし、夢中になっているからである。

このことに気づいたのは、学生時代に起業してからしばらくしたときのことだ。競馬サイトからスタートしたオン・ザ・エッヂが軌道に乗り、家にも帰らずにオフィスで眠るような日が続いていたある日、ぼくはここ2年ほど、例のパニックがやってきていないことに初めて気づいた。

インターネットにしろ、焼肉にしろ、ロケットにしろ、スマホゲームにしろ、とにかく目の前のことにどっぷりとのめり込んでいるかぎり、死の恐怖はやってこない。それがわかってからは、生きるのがずいぶんとラクになった。

おそらく、死に対する恐れは、人間が抱くストレスのなかで、最も根源的で、最も大きなものだ。

それに対処する方法を得てしまった以上、あとは楽勝だ。

編集者の箕輪厚介くんではないが、まさに「死ぬこと以外かすり傷」の境地である。

詳しい人に言わせれば、このようなストレス対処の方法論は、仏教の瞑想修行などと非常に似通っているらしい。

頭のなかを思考で埋め尽くすことによって死を感じなくする訓練なのだそうだ。

大流行しているマインドフルネスでも「呼吸」に注意を向けるらしいが、これも狙いは同じだろう。

ただ、「ホリエモン式瞑想」にオリジナリティがあるとすれば、それは、どうせなら「いまここ」が「たのしい」に越したことはないと考える点だ。

わざわざ苦しくて退屈なことで、時間を埋める必要はない。

だから、ぼくは「夢中になれるたのしいこと」を思い求めて動き続ける。ぼくにとっての仕事は瞑想のようなものなのだ。


CHECK!

□「夢中になる」という瞑想を続けよう

38

「いつか」なんて長期の目標はまず実現しない

「堀江さんは何を目標にしているんですか?」

そんなことを聞いてくる人がいる。

読者の人も「『不老不死になりたい』だって? ホリエモンにはよっぽど大きな野望があるのだろう」と思っているかもしれない。

はっきり言っておこう。

ぼくは「長期的な目標」なんて持ったことがない。

ビジネスにしても遊びにしても、「何のために?」などと立ち止まったことがない。

予防医療のようなプロジェクトですらそうだ。

そこには「人の命を救うために」とか「みんなにもっと幸福になってもらうために」とかいった立派な意図があるわけではない。

正直なところ、慈善の心とか思いやりといった言葉や価値観は、ぼくには理解できないし、好きにもなれない。

あえて言えば、「避けられる病気のせいで、たくさんの人が亡くなっている」という現実が、ぼくにとっては単純に「不愉快」なのだ。

そして、ちょっとした取り組みによって、それが解決していくプロセスが「おもしろい」――ただそれだけである。

もちろん、ぼく自身がこうして何かにハマることで、結果的に世の中のためになるのであれば、それはそれでけっこうなことだ。

でも、それはぼくの知ったことではない。

ぼくは好奇心のおもむくまま、やりたいことをやるだけである。

仕事なんて遊びと一緒だ。

子どもは「積み木遊びの究極目的とは？」とか「ぼくは何のためにかくれんぼをするのだろう？」などと考えたりはしない。

何も考えずに動きながら、「よし、お城をつくろう」「あのすきまに隠れよう」と決断していく。

誰だって昔はそうやって遊んでいたはずだ。

それなのに、大人になると、「長期的な目標は？」「やりがいがあるか？」「幸福とは何か？」「努力に意味があるか？」という具合に、考えても仕方がないことに頭をめぐらせて、貴重な時間をムダにする。そして、頭で考えれば考えるほど動けなくなり、どんどん時間貧乏になっていく。

それもこれも、原因は「暇」である。

「子ども＝余裕がある、大人＝忙しい」という見方がまかり通っているが、ぼくは真逆だと思う。

子どものほうが、つねに目の前のことに夢中で、充実した時間を過ごしている。大人は「暇」なせいで、「リスク」「目標」「シミュレーション」といった空虚なことで頭を満たし、「心のエネルギーのムダ遣い」ばかりをしている。

「自分が最終的にどうなりたいのか、わかりません」なんて悩みは、本当にくだらない。そんなこと、そもそも考える必要がないのだ。長期目標なんて持たなくていい。結局それは、いまやるべきことを「先延ばし」にしているのと同じだ。

「いつか映画監督になってみたい」「時間ができたら世界一周したい」「実績を積んだ

ら起業したい」――そんなものを「夢」と呼んで、自分をダマし続けることに、何の意味があるのだろう。やりたいなら、やればいい。いますぐに、だ。

意味があるのは、「短期的な目標」だけである。それを立てた1秒後には行動を起こさざるを得なくなるような目標でなければ、そもそも意味がない。

「今日から30日連続でブログを書く」

「10日後に体重3キロ減を達成する」

「1カ月後に会社を辞めて起業する」

こういう目標には価値がある。あなたの行動にさらなるドライブをかけて、より「ハマる状態」をつくり出してくれるからだ。

ポイントは、達成までの期限が短くて、かつ、達成の基準が明確であることである。そうでなければ、目標なんてストレスを生む害悪でしかない。

CHECK!

□やりたいなら、いますぐにやればいい

39

ぼくはいっさいの計画を持っていない

「目標を持たない」という話にも通じるが、「計画」というのもムダだ。

「まず3カ月以内に○○して、半年後には○○する。3年後には○○して、5年後、10年後には……」というふうに、やたらと細かくステップを踏みたがる人が多い。

いまだに「計画→実行→評価→改善」からなるPDCAの本がベストセラーになったりしているところを見ると、「将来の計画（Plan）からはじめる」というのが、人々の思考のクセになり、行動を妨げてしまっているように思う。

しかし、わざわざ段階を踏む必要なんてあるのだろうか？

0歩でたどりつけるなら、それがベストではないのだろうか？

極端な話だが、いまこの瞬間に、信頼する人から「6時間後に知的生命体のいる別の恒星系に向けてロケットが出発しますけど、堀江さんも乗りたいですか？」と声をかけられれば、ぼくは躊躇なく「もちろん！」と答えるだろう。

「何も訓練していないし……」とか「コンディションをもう少し整えてから……」とか「事故のリスクはないのかな……」とかいったことは考えない。

ぼくにとっての「やりたいこと」は、決して「いつか叶えたいこと」などではない。実現させられるなら、いますぐにでも実現してほしいことばかりだ。

ぼくは何事についても、どうすれば「最短の時間・距離」で実現できるかを考えている。

たとえば以前、テレビ局買収に向けて動いたことがあった。

これは「テレビとインターネットを融合させれば、絶対におもしろいサービスがつくれる！」という確信があり、「テレビ局の買収こそが最短ルートだ」と判断したからである。つまりぼくは、もともとテレビ局のオーナーになる「計画」を立てていたわけではない。

現実の世界、とくにビジネスの世界では、将棋の棋士のように何手も先を読んで行動するのはナンセンスだ。経営計画とか経営戦略なんてものも、コンサル屋たちが稼ぐためにつくった「絵に描いた餅」だと思ったほうがいい。

「将来に向けて、どんなことを勉強すればいいですか？」

こんなことを聞いてくる人も、「計画」とか「戦略」の呪縛に陥っている。

何を学ぶべきかなんて、そのときになってみないとわからない。何かに〝備える〟ための勉強なんて、苦痛でしかないはずだ。

「大学に合格するため」「転職するため」「依頼された仕事を終わらせるため」「会社をつくるため」……など、短期的なゴールを達成するうえで、どうしても必要だから勉強するのである。

ぼくが起業したときだって、それまでは麻雀をやっては酒を呑むばかりの大学生だったわけで、何か具体的な勉強をして準備をしていたわけではない。

サイト制作の依頼を受けるたびに、さまざまなプログラミング言語やデータベースなどの知識・技術を、独学で仕入れていっただけである。

「戦略的に段階を踏んでマーケットを押さえていく」というのは、お勉強好きな人間たちが後づけで考えた「お話」にすぎない。

「計画を立てることで、リスクを減らすことができる」なんて幻想だ。ビジネスが計画どおりにいくことなんてないし、何よりそんなことを考えている時間がもったいない。

緻密な計画なんかなくていい。

「やりたいこと」があるやつが本当に強い。

それを実現するための知識を、すばやくインプットしていければ、もはや最強だ。

やりたいことがないまま、「何を学べばいいのか？」などと計略を弄するのはじつにくだらない。

先のことなんてわからないし、わかりたくもない。

唯一たしかなのは、1年後も、10年後も、100年後も、ぼくは間違いなく何かにハマっているということだ。

CHECK!

□「まず動く」から道筋が見えてくるのだ、と気づこう

40

リスクは「ウサギの角」「カメの毛」である

死、目標、計画……これは全部、未来のことだ。

将来のことを考えても仕方がない。

考えても意味のないことは考えない。時間をムダにしないためには、とにかくこれが大原則だ。


「とにかく」は「兎に角」と書いたりするが、仏典などには「兎角亀毛《とかくきもう》」という言い回しが登場するのをご存知だろうか？

ウサギに角があるわけがないし、カメに毛が生えるはずもない。だとしたら、そんなものについて考えても意味がないというわけだ。

「死んだらどうなるか」とか「人生の目的は何か」とかいった思考は、ぼくに言わせればすべて「兎角亀毛」である。


それにもかかわらず、ぼくたちが将来のことを心配してしまうのは、つねにリスクが頭を占めているからだ。

人生とは一本の大きな「川」のようなもので、そこをただ流されているのがぼくたち人間だというたとえ話をしたが、たしかにその途中には、大小さまざまな「滝」が用意されている。

順調に川下りをしていても、いきなり巨大な「滝」がやってきて、滝壺に叩き落とされることもある。

たいていの人は、この「滝」に恐怖を抱いている。

痛い目を見たわけでもないのに、「下手に動いたら大滝に落ちちゃうかも……」と異常にビクビクとしている。

ぼくがやっているオンラインサロンでも、「この案件、おもしろそうだし、あなたがやってみたら？」と勧めても、「やってみます！」と即答できる人がいる一方、いろいろと理屈をこねて、最後の最後までやろうとしない人がいる。

ぼくは決して無茶振りはしていないし、へんな制約もつけない。それに、サロン内にはサポートしてくれる優秀な人材も揃っている。

それでも動けないということは、リスクに食いとめられる程度にしか「やりたい」と思えていないのかもしれない。

もしそうなのだとしたら、それはそもそもやる必要がないことなのだろう。「本当にやりたいこと」を見つけた人というのは、多少のリスクがあろうと、指先で少しでも押したら、勝手に突っ走りはじめるものだ。

あるいは、心のなかで実際以上に大きな「滝（＝リスク）」を勝手につくり出して、逃げ腰になっているのかもしれない。

人は、行く先に大きな「滝」が視界に入ってくると、おかしな行動を取ってしまうものである。半狂乱のような状態になったり、ふだんなら引っかからないような詐欺にダマされたり、他人を陥れるようなウソをついたりしてしまう。

かく言うぼくも、時価総額1兆円に迫る会社の経営者から、長野刑務所の服役囚になったという意味では、かなり巨大な「滝」から落っこちたことになる。

しかしぼくは、あの「滝下り」を前にしても、まったくパニックにならなかった。公判の最中にも「あー、もうすぐ滝に落ちるっぽいなあ」と呑気なものだったし、判決が出たあとも「おーっ、落ちてる落ちてる」「うひゃー、こりゃすごいな」くらいのものだった。

なぜか？

そんな「滝」は、「ウサギの角、カメの毛」、考えても仕方がないことだとわかっているからだ。

「滝」のない人生を送ることは不可能である。

「滝」にぶつかるかどうかは運任せの領域であり、こちらではコントロールできない。

ぼくたちは大きな「川」の流れのなかにいるのだから、ひとたび目の前に「滝」が現れたら、どんなにもがいてもムダだ。

むしろ、手足をジタバタさせていると、落っこちたときに大ケガをしかねない。

身体の力を抜いて、流されるがままにいくのがベストだ。


CHECK!

□滝も、激流も、その流れをたのしんでしまえ

41

ノリで生き抜く人間だけが革命を起こせる

「時間をムダにしないためにも、チャンスの見極め方を知りたいです」

そんなことを言う人がいるが、もはやここまで読んできた人なら、ぼくの答えはおわかりだろう。

ぼくは「どこに次なるビジネスチャンスがあるか」とか「どんな戦略で市場を支配していくか」というようなことは考えない。

未来のことはわからないからだ。

現時点で、「やりたい！」「ほしい！」と思えるか——それだけが基準だ。

経営戦略の世界では、資本投下の「選択と集中」が語られたりするが、少なくとも個人に関しては、これを当てはめないほうがいい。

どこに自分のリソースを割くか、そんな「選り好み」はしなくてもいい。

極端なことを言えば、おもしろいと思ったものには、全部首を突っ込んでいくべきだ。

すでに語ったとおり、型が決まったタスク処理なら、ある程度の「順序」を意識するのも必要だ。

しかし、熱中の対象には順位などつけられない。

ここから言えるのは、結局、この「川下り」を最高にたのしむためには、「ノリのよさ」がすべてだということだ。

ノリがいいとは、何よりもまず「考えないで受け入れられる」ということだ。手元に「果物」が流れてきたら、とりあえず手を伸ばしてかじってみる。どんなメリットがあるかとか、リスクはどの程度かとか、そんなことは考えなくていい。

かといって、ぼくが語るノリのよさとは、カルトにダマされるような人のそれとはまるで違う。ひとまず「果物」をかじってはみるものの、個人の「好き嫌い」の感覚はどこまでも大事にしたほうがいい。「なんだこれ、まずい！」と思えば、すぐに投げ捨てるべきだ。


「気になる飲み会にとりあえず参加。つまらなかったら途中でも帰る」

「たのしそうな会社だからひとまず転職。ダメならすぐに辞める」

「すごく好きだからいったん結婚。性格が合わないと思ったら離婚」

大事なのはこういうフットワークだ。

「ひとまず」「いったん」「とりあえず」何でもやってみる。

「どうせ微妙な飲み会だろうな……」「転職先が合わなかったらどうしよう……」「結婚しても続くかな……」。ノリの悪い人は、すぐにそんなことを考えてしまう。

かつてはぼくも、そんなにノリのいい人間ではなかった。

きっかけになったのは、東大時代に友達と出かけたヒッチハイク旅行だ。ヒッチハイクというのは「いったん」「ひとまず」「とりあえず」の連続である。

そのときにつかんだノリのおかげで、田舎出身の冴えない大学生がここまで変わることができたのだ。

だから、いまでもぼくは、ノリのよさだけはかなり意識するようにしている。

多くの人がノリきれないのは、「なんでも受け入れていたら、時間をムダにするのではないか」と恐れているからだろう。だが、それは大きな勘違いだ。

次々と果物に手を伸ばす「ノリのいい人」のもとには、さらにどんどん「新鮮な果物」が集まってくる。それがおいしいかどうかはわからない。

ただ、そうやって「熱中できるもの」だけで人生を埋め尽くした人だけが、自分の時間と人生に革命を起こすことができるのである。

CHECK!

□面白そうな案件には即答で「イエス」

おわりに

自信とは「自分をコントロールできる」という確信

どうしてもノリのよさを身につけられない人、なかなかバカになって動けない人は、究極的には「自信」が足りていない。

自信がないから、将来を心配するというムダをやめられない。

そうやって時間をムダにしてしまうのだ。


「堀江さんはいつも自信満々の性格だからいいですよ」


まわりの人にはそう言われることが多い。

それは決して否定しないが、一方で思うのが、世の中の人は「自信」というものについて誤解しているということだ。

「どうして自信が持てないの？」と聞いてみると、たいていの人は「〇〇がないから、自信が持てません」という答え方をする。

人によって「〇〇」にはいろんなものが入るが、ぼくに言わせれば、まずこの考え方自体がおかしい。自信には「根拠」なんていらないからだ。


たとえば、「能力が低いから自信が持てません」とか「容姿がよくないから自信が持てません」などと言う人がいる。

ぼくはこれまでたくさんの経営者を見てきたが、経営者の多くは、仕事の能力的にはかなり低いというのが実情だ。

会社の社長なんて、大したレベルの人間はいない。新入社員みたいな実務能力の人、ほとんどヤンキーみたいな人もゴロゴロしている。

それでも彼らはやけに自信を持っていて、実際、ものすごい結果を出していたりする。逆に、一流大学に入れるくらい頭もよくて、仕事の能力も高いのに、いつまで経っても「自分なんてまだまだ……」なんて言っている人もいる。

また、ルックスがいまいちでも、堂々と振る舞っていて、異様にモテるという人もいる。まわりは、「この人はどうしてこんなに自信満々なんだろう」と不思議がっているが、本人はいっさい気にしていない。

ようするに、自信を持つのに「天賦のもの」はいらないのである。

他方、「まだ実績が不十分だから、自信が持てない」などと言う人もいるが、これも同じだ。

たしかに世間には、「年間10億を稼いだ」とか「東大を首席で卒業した」とかいうふうに、具体的な実績を根拠にして自信を抱いている人がいる。

だが、こういう自信は長続きしない。

つねに「上には上がいる」のが競争の世界だからだ。

いつまでも東大卒を鼻にかけている人間は、ハーバード卒の人たちに囲まれた瞬間、劣等感に苛まれる。「10億稼いだ」と威張っていても、世界に出ればそんな人間はいくらでもいる。

また、「根拠のある」自信は、とても危うい。

根拠のほうが崩れれば、それが支えていた自信も崩れるからだ。

一流企業の社員であることを誇りにしている人は、会社の肩書きを失った途端に、自信がなくなる。10億稼いだ実績に自信を得ている人は、稼げなくなると途端に弱気になってしまう。


だから、自信には根拠なんてないほうがいいのだ。

根拠がないからこそ、崩れることがない。

死ぬまでずっと自信を持っていられる。


本当の自信とは、「自分の心に寄せる強固な信用」である。


はっきり言ってぼくは、自分の実務能力や頭のよさ、センスや人間性などに、一ミリもプライドを持っていない（自信があるのは身体の丈夫さくらいだ）。

それでもぼくに自信があるように見えるとすれば、それはぼくが「自分の心だけはコントロールできる」と確信しているからだ。

外部の世界は、思うようには変えられない。

だから、身体の力を抜いて「川」にプカプカと浮かび、ただ「漂流」する——それが最善だ。

自分が何を持って生まれるか、どんな幸運に恵まれるか、どんな「滝」に出くわすか——それらはコントロールできない。

だから完全に諦めていて、悪あがきはしない。

けれども、「川」から見える景色やその意味は、自由に「解釈」を変えることができる。他人の目を気にするのをやめて、つねに本音を言い、おいしい「果物」のことだけを考える。

思いどおりにできるのは自分の心だけだ。そこにフォーカスしていれば、「滝」から落っこちる逆境の経験ですらたのしめる。

お金、他人、リスク、目標、死……こうした外部のことに惑わされず、自分の手綱をしっかりと握っていられるという確信――。

「過去」や「未来」に心を奪われず、いつでも目の前の「現在」に夢中になっていられるという手応え――。

それが「本物の自信」をつくる。

これさえあればまさに「無敵」だ。

そのために必要なのは、「将来」のために自分の能力を高めたり、人を圧倒するような「過去」の実績を積み重ねたりすることではない。

「現在」を生きることだ。

「現在」のなかにしか希望はない。

それがわかったら、あとは「時間について考える時間」すらムダだ。

さあ、本を投げ出して、最高の「いま」を生きよう。

堀江貴文

著者略歴

堀江貴文 ほりえ・たかふみ

1972年福岡県生まれ。実業家。SNS media & consulting株式会社ファウンダー。インターステラテクノロジズ株式会社ファウンダー。元・株式会社ライブドア代表取締役CEO。

東京大学在学中の1996年、23歳でインターネット関連会社の有限会社オン・ザ・エッヂ(後のライブドア)を起業。2000年、東証マザーズ上場。2004年から05年にかけて、近鉄バファローズやニッポン放送の買収、衆議院総選挙立候補など既得権益と戦う姿勢で注目を浴び、「ホリエモン」の愛称で一躍時代の寵児となる。

2006年、証券取引法違反で東京地検特捜部に逮捕され、懲役2年6カ月の実刑判決。2011年に収監され、長野刑務所にて服役するも、メールマガジンなどで獄中から情報発信も続け、2013年に釈放。

その後、スマホアプリのプロデュースや、2019年5月に民間では日本初の宇宙空間到達に成功したインターステラテクノロジズ社の宇宙ロケット開発など、多数の事業や投資、多分野で活躍中。メールマガジン「堀江貴文のブログでは言えない話」は購読者1万人以上、会員制コミュニケーションサロン「堀江貴文イノベーション大学校(HIU)」でも優秀な人材を輩出し続けている。

著書に『ゼロ』(ダイヤモンド社)、『本音で生きる』(SB新書)、『多動力』(幻冬舎)、『自分のことだけ考える。』(ポプラ新書)など、ベストセラー多数。Twitterアカウント:@takapon_jpはフォロワー数330万人を超える。

ホリエモンドットコム | 堀江貴文
http://horiemon.com/

時《じ》間《かん》革《かく》命《めい》 1秒《びょう》もムダに生《い》きるな

2019年 9月30日 第1刷発行
2019年12月20日 第7刷発行
著者 堀江貴文
発行者 三宮博信
発行所 朝日新聞出版
〒104-8011
東京都中央区築地5-3-2
電話 03-5541-8814(編集)
03-5540-7793(販売)
印刷所 大日本印刷株式会社

Published in Japan by Asahi Shimbun Publications Inc.
ISBN978-4-02-331830-4
定価はカバーに表示してあります。